Joseph Fromme

Gut ankommen.

Gewinnbringend kommunizieren.

Ein Buch für alle,
die zu einer besseren
zwischenmenschlichen
Kommunikation
beitragen wollen.

■ akademos

Korrespondenzadresse:

Joseph Fromme
Bildungszentrum für die Hamburger Steuerverwaltung
Hammer Steindamm 129
20535 Hamburg

Die Deutsche Bibliothek - CIP-Einheitsaufnahme

Die Deutsche Bibliothek - CIP-Einheitsaufnahme
Ein Titeldatensatz für diese Publikation ist bei Der Deutschen Bibliothek erhältlich

Dieses Werk, einschließlich aller seiner Teile, ist urheberrechtlich geschützt. Die dadurch begründeten Rechte, insbesondere die der Vervielfältigung, der Übersetzung, der Entnahme von Abbildungen und Tabellen, der Veröffentlichung sowie der Speicherung und Verarbeitung durch Datenverarbeitungsanlagen bleiben vorbehalten. Sie bedürfen des schriftlichen Einverständnisses des Verlages. Zuwiderhandlungen unterliegen den Strafbestimmungen des Urheberrechtsgesetzes.

ISBN 3-934410-14-6

1. Auflage 2001

© akademos Wissenschaftsverlag
Langensaal 6 a, 22559 Hamburg
www.akademos-verlag.de

Umschlag: Tina Bühling, Visuelle Kommunikation, Berlin

Druck und Bindung: Druckerei Runge, Cloppenburg

Die Wirkung ist die Wahrheit.

Ausführlicher:

Die **Wirkungen** unseres Verhaltens,

nicht unsere Absichten und nicht unsere Taten,

sind die **Wahrheit** bei unserem Mitmenschen.

Die **Wirkungen** bringen den **Erfolg**:

das, was folgt auf unser Verhalten.

(Joseph Fromme)

Gut ank☺mmen. Das wollen wir. Alle.

Was bedeutet, was bedeutet uns *"Gut ank☺mmen"* in der zwischenmenschlichen Kommunikation?

☞ Zum einen wollen wir *gut"*, d.h., zielgerecht, wirkungsvoll, nachhaltig, *"ankommen"*, also angenommen werden, so, wie wir sind, und mit dem, was wir bewußt und unbewußt dem Mitmenschen mitteilen.

☞ Zum anderen wollen wir, daß das, was uns unser Mitmensch mitteilt, bei uns *"gut"*, also möglichst vollständig und zutreffend *"ankommt"* und sinngemäß verwertet werden kann.

Dieses gilt im privaten Lebensbereich ebenso wie in unserem öffentlichen Leben, in unserem beruflichen Alltag.

Gut ank☺mmen.
Das ist schwierig.

Obwohl wir von Geburt an, ja schon im Mutterleib, mit Mitmenschen kommunizieren, Kommunikation also tagtäglich erleben und (aus-)üben, gelingt es uns oft nicht,
- mit dem *"gut anzukommen"*, was wir absenden, ausstrahlen, übermitteln, oder
- zu erreichen, daß bei uns *"gut ankommt"*, daß wir ausreichend und mitzutreffendem Inhalt empfangen, was andere uns senden, mitteilen, übermitteln.

Das liegt zu einem erheblichen Teil an uns. Manche Kommunikationsstörung wird jedoch durch unsere Mitmenschen, manche durch die Rahmenbedingungen verursacht.

Wir können unser Kommunikationsverhalten weitgehend selbst bestimmen und gestalten. Unser Einfluß auf das Kommunikationsverhalten unserer Mitmenschen und auf die Rahmenbedingungen ist dagegen oft begrenzt. Um aber zu bestmöglichen Kommunikationsergebnissen zu kommen, erfordert

"Gut ank☺mmen."
Verstehen, um verstanden zu werden.

Inhaltsübersicht   Seiten

Inhaltsverzeichnis   7 - 12
Wem und warum dieses Buch nützlich ist.   13
Wie dieses Buch genutzt werden kann und sollte.   14

I. Was ist Kommunikation?
Struktur und Prozeß zwischenmenschlicher Kommunikation.   15 - 36

II. Was ist wahr, was wirklich?
Über die mehreren Wahrheiten, die objektive Wahrheit
und die subjektiven Wahrheiten.   37 - 62

III. Kommunikationsstörungen: Was tun?
Störungen in der zwischenmenschlichen Kommunikation
verhindern, verringern, überwinden.   63 - 80

IV. Wie rede ich planvoll?
Rhetorik, die Kunst der Rede: strategisch zum Ziel.   81 - 110

V. Wann rede ich wohltuend?
Rhetorik, Redekunst zur richtigen Gelegenheit.   111 - 126

VI. Wie rede ich gut?
Rhetorik: Grundregeln guten Redens.   127 - 142

VII. Wie kommt es zum Verstehen und Erinnern?
Das Gehirn, der biologische Computer des Menschen.   143 - 158

IX. Was ist wo zu finden?
Quellen zur Kommunikation.   159 - 178
   - Verzeichnis der zitierten Autorinnen und Autoren
   - Verzeichnis zusätzlicher ausgewählte, hilfreicher Literatur
    zu den Themenbereichen
     - Kommunikation, allgemein
     - Rhetorik
     - Nichtsprachliche Kommunikation: Körpersprache
     - Gender(lekt), Geschlechterspezifisches (Kommunikations)Verhalten
   - Stichwortverzeichnis

Der Autor dieses Buches: Joseph Fromme   179
Vielen Dank.   180
Anhang: Mehr als nur Sprüche   181 - 183

Inhaltsverzeichnis   Seite

Gut ank☺mmen. Das wollen wir. Alle.	4
Inhaltsübersicht	5
Die Wirkung ist die Wahrheit.	6
Inhaltsverzeichnis - im einzelnen	7 - 12
Wem und warum dieses Buch nützlich ist.	13
Wie dieses Buch genutzt werden kann und sollte.	14

I. Was ist Kommunikation?
Struktur und Prozeß zwischenmenschlicher Kommunikation.   15

Was ist Kommunikation?	17
Das ist Kommunikation. So steht es im BROCKHAUS.	18
Man kann nicht nicht kommunizieren.	19
Modell vom zwischenmenschlichen Kommunikationsprozeß.	20
"Vier Seiten einer Nachricht.": Modell der zwischenmenschlichen Kommunikation von Schulz von Thun.	21
Schaubild: Modell zwischenmenschlicher Kommunikation.	22
Die "Post" kommt an oder auch nicht.	23
Weitere Modelle der mündlichen Kommunikation.	24
Kommunikation bedeutet "Übersetzungsvorgänge".	25
Kommunikation ist mehr als Information.	26
Mehr als nur zwei Kapitel für sich: Kinesik und Genderlekt.	27
Worte können lügen, der Körper kaum.	28
Vielfalt und Wirkungen nichtsprachlicher Signale.	29
Vorsicht im Umgang mit der Sprache des Körpers.	30
Männer? Frauen? Oder: Eine Brücke bauen ...!	31
Typisch Mann!? Typisch Frau!?	32
Männlich: ein Wort. Weiblich: ein Buch.	33
Frauensprache - Männersprache.	34
Erstes Fazit zur zwischenmenschlichen Kommunikation.	35

II. Was ist wahr, was wirklich?
Über die mehreren Wahrheiten, die objektive Wahrheit und die subjektiven Wahrheiten. 37

Wie wirklich ist die Wirklichkeit?	39
Störungsursachen und -wirkungen.	40
Gut ank☺mmen kann nur, was gut abgeht.	41
Wahr ist, was der Empfänger als wahr nimmt.	42
"Golf" ist nicht immer gleich "Golf".	43
Den Wald vor lauter Bäumen nicht erkennen.	44
Nebel beeinträchtigt die Sicht der Dinge.	45
Von Frau zu Frau:"Sind die Perlen echt?"	46
Schein statt Sein.	47
"Impression Management" ist nicht nur von Übel.	48
"WABRIMIDA?" - Die Antwort ist der Schlüssel.	49
Ethos. Pathos. Logos.	50
Rhetorik mit ethischen Grundsätzen.	51
Wer redet, der zeigt sich.	52
Die Empfangsergebnisse variieren zwischen 0 und 100 Prozent.	53
Kaffee brühen durch neun(!) Filtertüten: W-I-E ?	54
Immer wieder: "W-I-E, bitte ?"	55
Ein Empfangsresultat wird "angerichtet".	56
Drei Empfangsvorgänge wirken zusammen.	57
Himmelhoch jauchzend, zu Tode betrübt. Keine Stimmung gibt es nicht.	58
Nehmen ist wesentlicher denn Geben.	59
Signale versteht jeder so, wie er sie versteht.	60
Liebe macht oft blind oder vieles rosarot.	61

III. Kommunikationsstörungen: Was tun?
Störungen in der zwischenmenschlichen Kommunikation verhindern, verringern, überwinden.   63

Kommunikationstörungen: Was tun?	65
Wer sein Ziel erreichen will, muß es genau kennen.	66
Wohin geht es? Was genau ist das Ziel?	67
Lernen: Wissen in Tun umsetzen.	68
Knapp am Ziel vorbei ist auch daneben.	69
Der Empfänger bestimmt sein Ziel.	70
Es recht zu machen jedermann, ist eine Kunst, die keiner kann.	71
Wer kommuniziert mit mir?	72
Gut ank☺mmen setzt voraus: Einander mögen!	73
Bis FÜNF gezählt und das Vorurteil steht.	74
Wer andere öffnen will, muß sich selbst öffnen.	75
Mit Selbstvertrauen und Überzeugungskraft.	76
1. Liebe Dich wie 2. Deinen Nächsten.	77
Mit Motivation durch Verhalten zum Ziel.	78
Don't sell the steak, sell the sizzle.	79

IV. Wie rede ich planvoll?
Rhetorik, die Kunst der Rede: strategisch zum Ziel.   81

Reden kann jeder: Gut zu reden, ist eine Kunst.	83
Rhetorik als "Angewandte Hörerpsychologie".	84
Treffend einfach oder sehr kompliziert: Rhetorik.	85
Reden vor anderen ist reden mit anderen, ist Dialog.	86
Moderne Rhetorik und Dialogik.	87
"Betriebs-Rhetorik" als eine kommunikative Verwirklichung des kooperativen Führungsstils.	88

Der Begriff "Betriebs-Rhetorik".	89
Ein einziger Satz kann eine "gute" Rede sein, zu viele Sätze sind es nie.	90
Die Rede.	91
Rhetorik: strategisch, taktisch, technisch.	92
Rede-Strategie bedeutet genaue Rede-Planung.	93
"I-D-E-M-A", fünf Arbeitsschritte zur Rede.	94
"E-H-S": Einleitung - Hauptteil - Schluß und Punkt.	95
Anfangen - informieren/überzeugen - aufhören.	96
"A I D A", die Königin der Rede-Strukturen.	97
"A I D A": Komposition und deren Improvisation.	98
ANTIK, aber durchaus nicht veraltet.	99
Die klassische antike Redegliederung.	100
Fünf Finger sind eine Handvoll.	101
Im Sachvortrag: Neues mit Bekanntem verbinden.	102
Für den Sachvortrag: drei Strukturen von vielen.	103
Mehr oder weniger neu: "Die Nachrichten ...".	104
Überzeugen, nicht nur mit Argumenten.	105
Fünf mal Fünf zum rhetorischen Überzeugen.	106
Ein "Drei- Satz" und "Sieben-Satz".	107
"Zehn Bausteine" für eine Rede.	108
HEY - YOU - WHY - WHAT - NOW !	109
Ein Patentrezept für eine Rede-Struktur?	110

V. Wann rede ich wohltuend?
Rhetorik, Redekunst zur richtigen Gelegenheit.   111

Die Gunst zu einer Gelegenheitsrede nutzen.	113
Eine Gelegenheitsrede, keine Verlegenheitsrede!	114
Wichtig ist die Zeit: der Zeitpunkt, die Zeitdauer.	115
Nicht einmal 5 Minuten: Das ist zu wenig.	116
Wer nicht gelobt wird, fühlt sich oft bereits getadelt.	117

Die Laudatio, eine Rede voll des Lobes.	118
Vergangenheit - Gegenwart - Zukunft.	119
Am Ende der Rede ein Toast: Es möge nützen, Prost !	120
Weitere Modelle und andere Anregungen für Gelegenheitsreden aus betrieblichem Anlaß.	121
Festreden, nicht: "Sich-fest-Reden"!	122
Rahmenreden sind Diener!	123
Rahmenreden rahmen ein und überbrücken.	124
Bei jeder möglichen Gelegenheit: DANKE!	125

VI. Wie rede ich gut?
Rhetorik: Grundregeln guten Redens.   127

Taktische Rhetorik bedeutet geschicktes Reden.	129
Erst denken, dann sprechen: Denk-Sprechen!	130
Die wichtigsten Grundregeln des guten Redens.	131
1. Rede-Prinzip: Ich spreche langsam.	132
2. Rede-Prinzip: Ich mache kurze Sätze.	133
3. Rede-Prinzip: Ich schenke Pausen.	134
Mach mal Pause: kurz, lang, länger.	135
4. Rede-Prinzip: Ich habe Blickkontakt.	136
Der Blick: d a s Mittel zum Überzeugen.	137
Beim Reden zu Gruppen: Kreisende Rundblicke.	138
Blickkontakt mit der "3-A-" oder "5-A-Technik".	139
Für ein "Happy End": Langsam ausblenden.	140
Sicher reden ist besser, als immer frei zu reden.	141

VII. Wie kommt es zum Verstehen und Erinnern?
Das Gehirn, der biologische Computer des Menschen.   143

Das Gehirn, biologischer Computer des Menschen.	145
Die Grundstruktur des menschlichen Gehirns.	146

Auf die programmierten Wellenlängen kommt es an.	147
Über "Pförtner" und "Warteraum" zur "Zentrale".	148
2, 4, 8 = Mensch, Hund, Spinne.	149
Wechselwirkungen zwischen Kopf und Körper.	150
Was der Bauer nicht kennt, das ißt er nicht.	151
Ohne Lampenfieber kaum ein gelungener Auftritt.	152
Was ist Lampenfieber?	153
Lieber sterben als vor anderen reden.	154
Gut ank☺mmen: Sich verständlich ausdrücken.	155
"G-E-K-A": Die vier Verständlichmacher.	156
Unklar redet, wer selbst im Trüben fischt.	157

IX. Was ist wo zu finden?
Quellen zur Kommunikation. 159

Die häufigsten Lernquellen in unserer Welt: Zwischenmenschliche Kommunikation!	161
Verzeichnis der im Buch zitierten Autorinnen und Autoren.	163 - 164
Verzeichnisse zusätzlicher ausgewählte, hilfreicher Literatur zu den Themenbereichen	
- Kommunikation allgemein	165 - 166
- Rhetorik	167 - 168
- Körpersprache (nichtsprachliche Kommunikation)	169 - 170
- Gender(lekt) (geschlechterspezifisches (Kommunikations)Verhalten)	171 - 172
Stichwortverzeichnis	173 - 182
Der Autor dieses Buches: Joseph Fromme.	183
Vielen Dank.	184

Wem und warum dieses Buch nützlich ist.

Jeder Mensch kommuniziert mit seinen Mitmenschen; dabei wird häufig geredet.
Jeder Mensch wird des öfteren von seinen Mitmenschen nicht verstanden oder mißverstanden.
Jeder Mensch versteht des öfteren Mitteilungen seiner Mitmenschen nicht oder falsch.
Jeder Mensch hat von seiner Geburt an, in Ansätzen bereits vor der Geburt, gelernt, sich zu verständigen: andere zu verstehen und sich gegenüber anderen verständlich zu äußern. Dennoch gelingt eine Verständigung oft nicht.

Dieses Buch hilft zum besseren

Verstehen, um verstanden zu werden.

Dieses Buch hilft und nützt

- Eltern, die sich mit Ihren Kindern besser verständigen und zur besseren Verständigungsfähigkeit Ihrer Kindern beitragen wollen,
- Schülerin und dem Schüler,
- der Lehrkräften, insbesondere
- denjenigen, die zwischenmenschliche Kommunikation lehren wollen,
- im privaten und im beruflichen Alltag jederzeit und immer wieder.

Dieses Buch ist zugleich ein Sachbuch und ein Fachbuch. Es verbindet praxisorientiert sachliche Erläuterungen mit fachlichen Lehr- und Lernhilfen. Es vermittelt eine Fülle von Einsichten, Kenntnissen und Fähigkeiten. Dazu werden Erkenntnisse, Wissen und Anregungen zahlreicher namhafter und erfolgreicher Wissenschaftler, Autoren und Trainer einbezogen.
Dieses Buch stößt an. Es fordert heraus. Es regt an, sich dem für jeden Menschen unausweichlichen Phänomen der zwischenmenschlichen Kommunikation aufgeschlossen und intensiv zu widmen. Es verändert und bringt Erfolge.
Dieses Buch hilft

Gut ank☺mmen.

✍ **Wie dieses Buch genutzt werden kann und sollte.**

Dieses Buch heißt **Gut ank☺mmen**; und das soll es auch. Deshalb soll es nutzbar sein, wie jedes andere gute Buch; allerdings so, daß es gern zur Hand genommen wird, weil es sich damit eben gut arbeiten läßt. Dazu gehört:

- ☞ Dieses Buch ist klar gegliedert, auch dadurch, und das ist etwas ungewöhnlich, daß jede Seite inhaltlich in sich geschlossen ist.
  Dieses erleichtert nicht nur das Lesen, sondern auch das Arbeiten mit dem Inhalt, vor allem dessen Wiederfinden.

- ☞ Auf jeder Seite regt eine ✍ dazu an, sich am Rande zu Notizen zu machen.
  Dafür wurde links bzw. rechts ein etwas breiterer Rand als üblich gelassen.

- ☞ Die Gedanken, die aus der Fachliteratur verarbeitet wurden, werden nicht verfremdet; sie werden eingearbeitet, aber grundsätzlich wörtlich und deutlich erkennbar wiedergegeben, indem der jeweilige Text durch *kursive Schrift* abgehoben ist. Die Autorinnen und Autoren sind jeweils genannt, meist auch die jeweilige Veröffentlichung, aus der an dieser Stelle zitiert wird.
  Das sind zugleich Hinweise und Anregungen zu wertvollen ergänzenden und weiterführenden Quellen; denn es werden nur solche Autorinnen und Autoren ausdrücklich angeführt, die vom Autor dieses Buches als hervorhebenswert geschätzt werden.

- ☞ Schließlich bieten eine Zusammenstellung aller wesentlichen Quellen und thematisch geordnete Verzeichnisse mit weiterer empfehlenswerter, hilfreicher Literatur zu diesem Buch sowie ein weit aufgefächertes Stichwortverzeichnis viel Hilfe und Nutzen.

So kann und sollte es möglich werden, was ihr Ziel und Ziel des Buches ist:
Gut ank☺mmen.
Verstehen, um verstanden zu werden.

Gut ank☺mmen.
Gewinnbringend kommunizieren.
Verstehen, um verstanden zu werden.

I.

Was ist Kommunikation?

Struktur und Prozeß
zwischenmenschlicher Kommunikation.

Was ist Kommunikation?

Wie unterschiedlich Kommunikation auch immer erklärt wird, im Grundsatz geht es stets um dasselbe:

Kommunikation ist der Austausch von Nachrichten.

Eine Mitteilung, eine Nachricht besteht aus bedeutungshaltigen Informationen, Botschaften(Messages), die von einem Menschen (Sender/Kommunikator/Expedient) ausgesandt und von einem anderen Menschen (Empfänger/Kommunikant/Rezipient) empfangen wird. Die Botschaften sind immer verschlüsselt(codiert) und in Zeichen(Signalen) gefaßt.
Solche Zeichen können in Schrift und Sprache bestehen, aber auch in nonverbalen Signalen, z.B. im äußeren Erscheinungsbild, in Tönen, in der Mimik, in der Gestik, in der Körperhaltung und in bildlichen Darstellungen. Botschaften können also auf unterschiedliche Weise, auf verschiedenen Kanälen gesendet und empfangen werden:
- Geschriebenes oder Gezeigtes wird gesehen;
- Gesprochenes, Ertönendes wird gehört;
- Berührungen werden gespürt usw.

Zwischenmenschliche Kommunikation ist der Austausch von Informationen zwischen zwei oder mehreren Menschen.

In zwischenmenschlichen Situationen hat das gesamte Verhalten der Beteiligten Informationswert, denn:

Der Mensch kann nicht nicht kommunizieren.

In Kommunikationssituationen beeinflussen sich die daran Beteiligten wechselseitig und das ständig ununterbrochen. Dieser Prozeß wird deshalb auch als Interaktion und zyklisch bezeichnet:

Zwischenmenschliche Kommunikation ist also ein interaktiver, zyklischer Prozeß.

Das ist Kommunikation. So steht es im BROCKHAUS.

***Kommunikation**(lat.): Austausch, Verständigung, Übermittlung und Vermittlung von Wissen; i.w.S. alle Prozesse der Übertragung von Nachrichten oder Informationen durch Zeichen aller Art unter Lebewesen (Menschen, Tiere, Pflanzen) und/oder techn. Einrichtungen (Maschinen) durch techn., biolog., psych., soziale u.a. Informationsvermittlungssysteme.*

Zum Kommunikationsprozeß gehören im wesentlichen drei Elemente: ein Sender (Kommunikator), eine Nachricht (Mitteilung, Aussage) und ein Empfänger (Rezipient, Adressat).

Dieser Prozeß umfaßt die zwischenmenschliche Kommunikation (direkte Kommunikation von Angesicht zu Angesicht) mittels Sprache, Mimik, Ausdruck usw. als Verständigungsmittel ebenso wie die Informationsübertragung mittels techn. Nachrichtensysteme (indirekte Kommunikation, z.B. Massenkommunikation, Telekommunikation), wobei drei Voraussetzungen erfüllt sein müssen, damit Kommunikation im Sinne einer Verständigung zustande kommt:

1. *Die zu vermittelnden Gedanken oder Absichten des Kommunikators müssen in ein kommunizierbares Zeichensystem umgewandelt werden (z.B. Schrift, in der Nachrichtentechnik Codierung, in der Datenverarbeitung Code).*

2. *Die Zeichen müssen in physikal. Signale transformiert und mittels techn. Medien (z.B. Rundfunk, Fernsehen, Telefon) übertragen werden.*

3. *Der Adressat muß die empfangenen Zeichen deuten und durch Interpretation die ihm vermittelte Bedeutung erschließen (Decodierung).*

Je mehr Übereinstimmung im Zeichenvorrat zwischen Kommunikator und Rezipient herrscht, desto größer ist die Verständigungsmöglichkeit durch Kommunikation.

Die theoretische Erforschung des Kommunikationsprozesses liefert die Informationstheorie.

Man kann nicht nicht kommunizieren.

So lautet ein von Paul Watzlawick[1] formuliertes Axiom, ein als unbezweifelbarer Grundsatz anzusehendes Phänomen. Es ist die Quintessenz aus einem wesentlichen Aspekt in der zwischenmenschlichen Kommunikation:

"Das 'Material' jeglicher Kommunikation sind keineswegs nur Worte, sondern alle paralinguistischen Phänomene (wie z.B. Tonfall, Schnelligkeit oder Langsamkeit der Sprache, Pausen, Lachen und Seufzen), Körperhaltung, Ausdrucksbewegungen usw. innerhalb eines bestimmten Kontextes - kurz, Verhalten jeder Art.

Verhalten hat vor allem eine Eigenschaft, die so grundlegend ist, daß sie oft übersehen wird: Verhalten hat kein Gegenteil, oder um dieselbe Tatsache noch simpler auszudrücken: **Man kann sich nicht nicht verhalten.**

Wenn man also akzeptiert, daß alles Verhalten in einer zwischenpersönlichen Situation Mitteilungscharakter hat, d.h. Kommunikation ist, so folgt daraus, daß man, wie immer man es auch versuchen mag, nicht nicht kommunizieren kann. Handeln oder Nichthandeln, Worte oder Schweigen haben alle Mitteilungscharakter: Sie beeinflussen andere, und diese anderen können ihrerseits nicht nicht auf diese Kommunikation reagieren und kommunizieren damit selbst. Es muß betont werden, daß Nichtbeachtung oder Schweigen seitens des anderen dem eben Gesagten nicht widerspricht. ... Dies ist nicht weniger ein Kommunikationsaustausch als ein Gespräch.

Man kann auch nicht sagen, daß Kommunikation nur dann stattfindet, wenn sie absichtlich, bewußt und erfolgreich ist, d.h., wenn gegenseitiges Verständnis zustande kommt.

Aus dem oben Gesagten ergibt sich ein metakommunikatives Axiom: **Man kann nicht nicht kommunizieren.**"

---

[1] Ausführlich in Watzlawick, Paul: Menschliche Kommunikation: Formen, Störungen, Paradoxien / Paul Watzlawick; Janet H. Beavin; Don D. Jackson; 8. Aufl., Bern; Stuttgart 1990

Modell vom zwischenmenschlichen Kommunikationsprozeß.

Auf den ersten, leider nur auf den ersten Blick sind die Struktur und der Prozeß zwischenmenschlicher Kommunikation leicht zu überschauen und nachvollziehbar:

Ein Mensch (Sender) übermittelt (sendet) eine Nachricht einem anderen Menschen (Empfänger).
Dieser Mensch (Empfänger) empfängt eine Nachricht und verarbeitet sie.

Kommunikation besteht also aus drei Grundelementen:
SENDER - NACHRICHT - EMPFÄNGER.

Doch während dieser Prozeß in die eine Richtung abläuft, läuft gleiches in die entgegengesetzte Richtung:

Der Empfänger sendet während des Empfangens parallel eine Nachricht, die der ursprünglich Sendende empfängt, während er selbst (noch) sendet.

Dieses sind in der Regel Rückmeldungen in Bezug auf das Empfangene. Es können zugleich aber auch davon unabhän-gige, originäre Botschaften mitgesendet werden. Der jeweils Sendende verschlüsselt (encodiert) seine Nachricht nach seinem Verständnis und Empfinden auf seine Weise; der je-weils Empfangende entschlüsselt (decodiert) die wahrge-nommene Nachricht nach seinem Verständnis und Empfin-den auf seine Weise.

Die jeweilige Nachricht ist jedoch ein Paket, das regelmäss-ig mehrere, oft viele Botschaften enthält. Es wird komplex:
Alle diese Botschaften werden von beiden Beteiligten teils bewußt, teils unbewußt und teils verbal (in Worten), teils nonverbal (in nichtsprachlichen Signalen) gesendet und teils bewußt, teils unbewußt, dabei oft unvollständig und unzutreffend empfangen.

Schließlich wirken sich auf den Kommunikationsprozeß auch noch die jeweiligen Rahmenbedingungen, z.B. Beeinträchtigungen durch Lärm, Licht, andere Anwesende, aus.

"Vier Seiten der Nachricht.": Modell der zwischenmenschlichen Kommunikation von Schulz von Thun

"Ich bin über die 'Geburt' des Quadrates sehr zufrieden gewesen," äußert Friedemann Schulz von Thun zu seiner Idee, die *Nachricht*, die bei der zwischenmenschlichen Kommunikation übermittelt wird, als quadratisches Gebilde mit *"vier psychologisch bedeutsamen Seiten (Aspekten)"* darzustellen:

1. ***Sach-Aspekt*** *(Sachinhalt),*
2. ***Beziehungs-Aspekt*** *(Beziehung),*
3. ***Selbstkundgabe-Aspekt*** *(Selbstkundgabe)*[1],
4. ***Appell-Aspekt*** *(Appell).*

Diesem Modell liegen Erkenntnisse von Karl Bühler und Paul Watzlawick zu Grunde: Bühler hatte das *"Organon-Modell"* vorgeschlagen, in dem dargestellt wird, daß jede Aussage grundsätzlich drei Funktionen erfüllt, die er als *Symptom, Signal und Symbol* bezeichnet:

- *Symptom*, weil eine Aussage beschreibt, in welcher Lage sich der Sprechende befindet,
- *Signal*, weil eine Aussage eine Aufforderung an den Zuhörenden enthält und
- *Symbol*, weil jede Aussage einen für sich betrachtet objektiven Sachverhalt enthält.

Watzlawick stellt als ein Axiom heraus:

- *"Jede Kommunikation hat einen Inhalts- und einen Beziehungsaspekt derart, daß letzterer den ersteren bestimmt und daher eine Metakommunikation ist.*

Unter Metakommunikation auch noch, vereinfacht gesagt, zu verstehen die

Kommunikation über die Kommunikation.

Die Fähigkeit zur Metakommunikation ist eine wichtige Voraussetzung, um zielwirksam kommunizieren zu können: den Kommunikationsprozeß in seiner Struktur und seinen Abläufen zu kennen und wahrzunehmen, seine Störungen zu bemerken, deren Ursachen zu erkennen und Änderungen einzuleiten.

[1] Schulz von Thun änderte seinen ursprünglichen Begriff *"Selbstoffenbarung"* um.

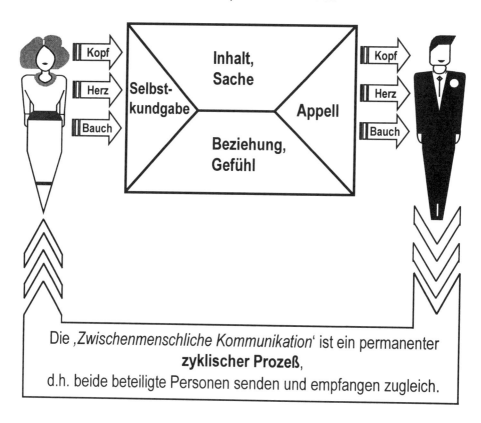

Die "Post" kommt an oder auch nicht.

Wer Ideen, wer Gedanken in einem Brief, wer Geschenke, wer Waren in einem Paket einem anderen übermitteln will, muß sich überlegen, was wer warum empfangen soll: Welches **Ziel** mit welchem **Inhalt** bei welchem **Empfänger**?

Je mehr dem Absender daran liegt, daß der Inhalt seiner Sendung beim Empfänger "*gut ankommt*", also eine vom Absender gewünschte Wirkung erzielt, desto mehr Phantasie und Sorgfalt wird der Sender bei der Gestaltung des Briefes oder des Paketes aufwenden. Der Absender wird sich bemühen um Übersichtlichkeit, ausdrucks- und somit eindrucksvolle sachliche oder gefühlvolle Worte und Formulierungen, eine ansprechende Schrift und ähnliches, dazu kommt eine zweckmäßige, eine attraktive oder eine liebevolle Verpackung der einzelnen Teile und des Ganzen. Je mehr dem Absender daran liegt, daß die Sendung den beabsichtigten Empfänger erreicht, desto mehr wird der Absender für die richtige Adressierung, für das richtige Porto und für die Voraussetzungen eines schadlosen Transports sorgen.

Dennoch können Umstände, die weder Absender noch Empfänger verursacht haben, dazu führen, daß die Sendung auf dem Weg verlorengeht, beschädigt wird und nur unvollständig ankommt.
Der Brief bzw. das Paket wird den Empfänger auch dann nicht wirklich erreichen, wenn der Empfänger die Ankunft nicht bemerkt, z.B., weil er nicht anwesend ist, wenn die Post ankommt, oder weil er die Annahme verweigert.

Hat der Empfänger die Sendung angenommen, so hängt es von ihm, was er damit macht. Der Empfänger entscheidet, ob er den Inhalt intensiv oder flüchtig betrachtet, ob er ihn nutzt oder nicht, ob er wie vom Absender beabsichtigt reagiert oder anders oder gar nicht.

Es bedarf keiner weitgehenden Phantasie, um sich auszumalen, was alles noch getan werden und geschehen kann, damit "Post" die gewünschte Wirkung erzielt oder eben nicht.

Weitere Modelle der mündlichen Kommunikation.

Dem skizzierten *Post-Modell* ähnlich stellen z. B. Allhoff/Allhoff [1] die mündliche Kommunikation dar, indem sie die "Erfahrungsbereiche" aufzeigen, in denen der Empfänger Botschaften aufnimmt. Dabei wird insgesamt von einer "Äußerung" gesprochen, womit Allhoff/Allhoff *"den Inhalt im engeren Sinne"* meinen. Der Begriff kann aber auf das gesamte Geschehen bezogen werden; denn der Empfänger wird von der Gesamtheit dessen, was von außen, in welcher Form auch immer, an ihn herantritt, beeinflußt. Insofern kann auch ihre Feststellung, *"jede Äußerung schafft wieder eine neue Kommunikationssituation"*, in einem weiten Sinn gesehen werden: Auch Veränderungen der Rahmenbedingungen, der Gesamtsituation wirken sich auf die Kommunikation aus, sei es, daß die Befindlichkeit der Kommunikationspartner, sei es, daß die Übertragung der Nachricht beeinträchtigt wird.

Als *"ein einfaches Modell für einen komplizierten Vorgang"* bezeichnet Gehm[2] sein *"Modell zur Beschreibung zwischenmenschlicher Kommunikation"*. Wie viele orientiert sich Gehm an dem Modell, das von den Ingenieuren Shannon und Weaver vorgestellt und eigentlich zur Beschreibung der Rahmenbedingungen und Störquellen bei Datenverarbeitungsprozesse in der Nachrichtentechnik entwickelt wurde. *"Entsprechend gehen alle Weiterentwicklungen"* dieser Modelle, so Gehm, *"davon aus, daß die Informationsübertragung bei menschlicher Gesprächsführung stets durch Störung, Veränderung und Verlust von Information bedroht ist."* Von entscheidender Wirkung ist, *"daß die Gedanken des Senders vielfach verändert werden, bevor sie beim Empfänger ankommen"*: Es finden oft erhebliche Veränderungen bei den erforderlichen *"Übersetzungsarbeiten"* des Senders und des Empfängers sowie *"beim 'Transport' der Nachricht zwischen Sagen und Hören"*, zwischen Zeigen und Sehen statt.

---

[1] Allhoff/Allhoff: Rhetorik & Kommunikation; 10. Aufl., Regensburg 1994
[2] Gehm, Theo: Kommunikation im beruflichen Alltag; Weinheim; Basel 1994

Kommunikation bedeutet "Übersetzungsvorgänge".

Die Erläuterungen von Gehm[1] zu seinem *Modell zur Beschreibung zwischenmenschlicher Kommunikation* führen zu wichtigen Schlußfolgerungen und Orientierungshilfen. Die *Informationsverlusttreppe*, die ohne Zweifel ein Weg der nichtsprachlichen Information sein kann und leider oft auch ist, veranschaulicht das Entstehen von Defiziten bis hin zur Möglichkeit eines totalen Absturzes: *"Die Gedanken beinhalten etwas anderes, meist mehr, manchmal aber auch weniger als das, was gesagt wird. Beim Aussprechen geht in aller Regel etwas verloren. (Oder es wird bewußt auf Wörter bis hin zu Satzteilen oder gar ganzen Sätzen verzichtet.) Dies hängt damit zusammen, daß wir bei der Formulierung von gesprochenen Sätzen eine Art 'Übersetzungsarbeit' zwischen unseren Gedanken und der gesprochenen Sprache durchführen, denn die 'Produktion' der gesprochenen Sprache ist ein außergewöhnlich komplizierter Prozeß."* Gehm führt dazu weiter aus: *"Ein Verlust findet auch beim 'Transport' der Nachricht zwischen Sagen und Hören statt. Vielfältige Störquellen können dazu führen, daß Teile der Aussage 'nicht ankommen'. Prinzipiell gilt, daß zwischen Sagen und Hören sehr viel Information verlorengehen kann.*

Eine ähnliche Übersetzungsarbeit findet bei der Umsetzung des Gehörten in das, was der Hörer versteht, statt." Zunächst muß der gehörte Satz in einzelne Wörter aufgegliedert und dann müssen diese Wörter bestimmten Bedeutungsinhalten zugeordnet werden.

"Offensichtlich", so folgert Gehm, *"leistet der Hörer bei einer solchen Umsetzung eine gewaltige Arbeit. Diese Arbeit kann als ein 'Wiederaufbau' oder eine 'Rekonstruktion des Gemeinten', von dem vieles in den vorangegangenen Teilen des Kommunikationsprozesses verlorengegangen ist, beschrieben werden."*

Oft ist eine einwandfreie *"Rekonstruktion des Gemeinten"* jedoch nicht möglich und ein Mißverstehen die Folge.

---

[1] Gehm, Theo: Kommunikation im beruflichen Alltag; Weinheim; Basel 1994

Kommunikation ist mehr als Information.

Die Vielschichtigkeit und Komplixiertheit des Begriffs und des Prozesses der zwischenmenschlichen Kommunikation kommt immer wieder deutlich zum Ausdruck; so z.B. auch
- bei Dressler/Voß[1]:

   "Kommunikation ist die Übermittlung von Nachrichten und die Art des Umgangs miteinander."

- bei Krähe/Koeppe[1]:

  - *"Kommunikation heißt in Beziehung sein und setzt die Fähigkeit des Teilens als Bedingung des Mitteilens voraus.*
  - *Kommunikation ist das Gemeinsam-sein und Gemeinsam-haben mit einem anderen.*
    Dieses Gemeinsame entsteht dadurch, daß Menschen sich öffnen und etwas von sich selbst, von ihrem Sein, von ihrer Persönlichkeit hineingeben, mitteilen, etwas von sich selbst zum Gemeinschaftlichen machen.
    Wer bewußt kommuniziert, riskiert, etwas von sich selbst wirklich zu geben und etwas anderes, das er noch nicht war, zu bekommen.
    Auf diese Weise entwickelt und verändert sich die Persönlichkeit."

- bei Vollmer/Hoberg[2]:

   "Bei der Definition des Begriffs Kommunikation unterscheidet man zwischen zwei Aspekten,
   dem verhaltenswissenschaftlichen Aspekt:
   Menschen besitzen die Fähigkeit und das Bedürfnis, in Beziehung zueinander zu treten und ihre Gedanken und Gefühle einander mitzuteilen;
   dem informationstheoretischen Aspekt:
   Hier wird die Übermittlung von Informationen unter mehr technisch-naturwissenschaftlichen Fragestellungen untersucht."

---

[1] in Voß,Bärbel (Hrsg.): Kommunikations- und Verhaltenstraining, 2. Aufl., Göttingen 1995 und 1996

[2] in Vollmer,Günter/Hoberg,Gerrit: Kommunikation: sich besser verständigen - sich besser verstehen, 1. Aufl., Stuttgart 1994

**Mehr als nur zwei Kapitel für sich:
Kinesik und Genderlekt.**

Die meisten Menschen glauben, nur eine Sprache zu sprechen. Tatsächlich äußern sich nahezu alle Menschen in mindestens zwei Sprachen: Zuerst und bis an ihr Lebensende ohne Worte in Form der "Körpersprache"(**Kinesik**); daneben nach der Geburt mit Lernschritten für Lernschritt in digitalisierter Zeichensprache in Form von Wörtern und Wörter-Konstellationen, von symbolisierenden (z.B. Satzzeichen, Absätzen) oder von anderen abstrakten Signalen (z.B. Zahlen) und Forme(l)n.

Der Umfang und die Vielfalt der körpersprachlichen Signale ist praktisch unermeßlich und übersteigt das Maß an digitalisierten Signalen erheblich.
Dieses gilt allgemein und für jede konkrete, unmittelbare zwischenmenschliche Kommunikationssituation, für den Monolog und für den Dialog: Die Anzahl der gesprochenen Wörter wird regelmäßig von einer weit größeren, differenzierteren Körpersprache begleitet.
Allerdings äußern sich die meisten Menschen körpersprachlich weitgehend unbewußt; andererseits nehmen sie die körpersprachlichen Signale anderer auch oft nur unbewußt wahr. Die Wirkungen der Körpersprache sind in jedem Fall erheblich, gerade dann, wenn sie unbewußt gesendet oder empfangen werden.

Ein weiterer, im wahrsten Sinne des Wortes wesentlicher Faktor in der zwischenmenschlichen Kommunikation ist das geschlechterspezifische Kommunikationsverhalten, der sogenannte **Genderlekt**. Dabei ist es im Ergebnis unbedeutend, in welchem Maße die vielfältigen und in ihrer Wirkung erheblichen Unterschiede im Kommunikationsverhalten von Männern und Frauen biologisch oder gesellschaftlich, soziologisch begründet sind.

Wie die Körpersprache beeinträchtigt auch das geschlechterspezifische Kommunikationsverhalten den zwischenmenschlichen Kommunikationsprozeß und somit das Miteinander regelmäßig erheblich. Es ist wichtig, beides zu verstehen und zu berücksichtigen: Kinesik und Genderlekt.

Worte können lügen, der Körper kaum.

Die große Bedeutung der nichtsprachlichen Äußerungen für den zwischenmenschlichen Kommunikationsprozeß wird von vielen Fachautoren und Trainern betont. Der Amerikaner Bert Decker vergleicht die nonverbalen Ausdrucksfaktoren insgesamt mit einem *Raketenträgersystem*. Um den Inhalt (die Botschaften) als die Nutzlast ins Ziel zu bringen, bedarf es für den "Transport" in der Regel des etwa Neunfachen(!) an Energie im Verhältnis zum Aufwand für die Produktion des eigentlichen Inhalts. Die Energie für die Zündung und den ersten Anschub sind dabei von entscheidender Bedeutung und bedürfen besonderer Anstrengungen; ein Fehlstart führt nicht zum Ziel.

Wissenschaftliche Untersuchungen haben zweifelsfrei ergeben, daß in der zwischenmenschlichen Kommunikation die verbalen, also die sprachlichen Signale und die nonverbalen, also die nichtsprachlichen Signale in der Regel im Verhältnis von etwa 1 zu 8 auf den Empfänger einwirken. Bei einem Vortrag oder in einem Gespräch ist der erste Eindruck immer von grundlegender, meist insgesamt von ausschlaggebender Bedeutung. Dieser erste Eindruck wird von dem bestimmt, was der Empfänger vom Sender zuerst sieht und stimmlich hört; der erste Eindruck wird in Form eines Vorurteils Ausgangsbasis für den weiteren Kommunikationsprozeß. Eine Korrektur des ersten Eindrucks ist schwierig und wird im Verlauf eines Kommunikationsprozesses oft nicht in wünschenswerter Weise erreicht.

Friedrich Nietzsche hat in diesem Zusammenhang zur häufi-gen Diskrepanz zwischen den verbalen und den nonverba-len Äußerungen und deren Bedeutung formuliert:

"Man lügt wohl mit dem Mund,
aber mit dem Maul, das man dabei macht,
sagt man doch die Wahrheit."

Es ist also zu berücksichtigen: Haben die nonverbalen Signale schon in jeder alltäglichen Äußerung, in jedem alltäglichen Gespräch ihre prägende Wirkung, so wirken sie in schwierigen Vortrags- und Gesprächssituationen erst recht nachhaltig.

Vielfalt und Wirkungen nichtsprachlicher Signale.

In der zwischenmenschlichen Kommunikation werden Inhalte auf der Sachebene und daran anknüpfende Appelle weit überwiegend bewußt und in Form sprachlicher Signale gesendet. Die Selbstoffenbarungs- und Beziehungsaspekte werden überwiegend unbewußt und nonverbal ausgedrückt; sie liefern so "Informationen über die Informationen": Sie beeinflussen beim Empfänger entscheidend, wie etwas als gemeint angenommen, wie es verarbeitet und wie darauf reagiert wird. Werden die verbalen und nonverbalen Signale als übereinstimmend empfunden, dann tragen und festigen sie den Inhalt und die Beziehung; denn Kongruenz überzeugt. Inkongruenz weckt jedoch Zweifel am Inhalt und erschüttert die Beziehung: Die nichtsprachlichen Signale dominieren in der Regel die Kommunikation, bestimmen deren Erfolg.

Die Vielfalt der nichtsprachlichen Signale macht Kommunikation äußerst komplex:
1. Tonfall, insb. Stimme und Sprechweise (Tempo, Lautstärke, Melodie, Deutlichkeit, Dialekt usw.);
2. Mimik, insb. Augen, Stirn und das Lächeln;
3. Gestik, insb. Hände, auch Arme und Oberkörper;
4. Haltung, insb. stehen, sitzen - dabei die Beinhaltung;
5. Motorik/Dynamik des Körpers, insb. Beine und Füße;
7. Outfit: Kleidung, Accessoires, Körperpflege usw.;
8. Statussymbole jeglicher Art (z.B. Rangzeichen);
9. Benehmen - im weiten und engeren Sinne (z.B. Höflichkeit, Takt, Zuhörverhalten).

Die **Sprache des Körpers**, wie die Vielfalt der nichtsprachlichen Signale häufig zusammenfassend bezeichnet wird, ist, bewußt geplant und eingesetzt, eine wirkungsvolle Hilfe des zielgerichteten Vermittelns von Inhalten und zum Wahrnehmen, Verstehen, Merken und Erinnern. Noch mehr ist die Sprache des Körpers ein Spiegel innerer Einstellungen. Es ist wichtig, sich dessen stets bewußt zu sein und es zu berücksichtigen, um umfassend, angemessen und zutreffend miteinander zu kommunizieren.

Vorsicht im Umgang mit der Sprache des Körpers.

Die Kinesik, die Lehre von der Körpersprache und der Körperbewegung, hat in den letzten Jahrzehnten im privaten und besonders beruflichen Alltag erheblich an Beachtung und somit an Bedeutung gewonnen.

Wie Rolf H. Ruhleder[1] jedoch betont: *"Kinesik ist*
- *keine Wunderwaffe, mit der alles 'verkauft' werden kann,*
- *kein Patentrezept, einen Gesprächspartner mittels einer körpersprachlichen Aussage zu durchschauen,*
- *eine der entscheidenden Möglichkeiten, bei Gesprächen den Partner leichter einschätzen zu können."*

Das Verständnis für die (Be-)Deutung nichtsprachlicher Signale verschafft eine Chance, mit den eigenen Äußerungen und somit mit dem Gesprächspartner rücksichtsvoller umzugehen. Über je mehr derartiges Einfühlungsvermögen je mehr Empathie ein Mensch verfügt, desto eher wird er einfühlsam kommunizieren. Jemand, der sich seiner eigenen körpersprachlichen Signale nicht bewußt sein will oder werden kann, wird sich nicht nur selbst mißverständlich ausdrücken, sondern vor allem die Signale anderer nicht oder unzutreffend registrieren und interpretieren. Wichtig ist, so hebt es auch Vera F. Birkenbihl[2] hervor: *"Ein Signal allein hat -meist- keine Aussagekraft; Ausnahmen sind z.B. plötzliche Verhaltensänderungen. Jede plötzliche Veränderung spiegelt immer eine plötzliche Veränderung der inneren Haltung wider. Dazu Birdwhistell: 'Keine körperliche Haltung oder Bewegung hat eine exakte Bedeutung per se.'"*

Ruhleder weist in diesem Zusammenhang darauf hin, daß für einen Interpretationsansatz immer *"mindestens zwei körpersprachliche Aussagen zusammenkommen müssen, eine 'Bewegungstraube'. Diese Aussagen müssen zudem in die gleiche Richtung, positiv oder negativ, gehen"*. Außerdem *"darf es sich nicht um eine Angewohnheit handeln."*

Also: **Vorsicht im Umgang mit der Körpersprache.**

---

[1] Ruhleder, Rolf H.: Rhetorik, Kinesik, Dialektik; 11. Aufl., Bonn 1992
[2] Birkenbihl, Vera F.: Signale des Körpers; 6. Aufl., München 1990

Männer? Frauen? Oder: Eine Brücke bauen ...!

"Einen Wunsch erfülle ich Dir", versprach eine Fee.
"Baue mir bitte eine vierspurige Autobahnbrücke von Europa nach Amerika", wünschte sich der Mensch.
"Das ist viel zu schwierig, das ist leider unmöglich", erwiderte die Fee, "wünsche Dir bitte etwas Alltäglicheres."
"Dann lasse mich die Unterschiede zwischen Männern und Frauen verstehen und mit dem anderen Geschlecht störungsfrei kommunizieren", lautete nun der Wunsch an die Fee. Die stutzte, schüttelte den Kopf und fragte verzweifelt: "Wie war das mit der Brücke nach Amerika?"

Die Einschätzungen und Standpunkte sind gegensätzlich und scheinen unvereinbar. Die einen können oder wollen keine nennenswerten Unterschiede im (Kommunikations-) Verhalten von Männern und Frauen erkennen; die anderen schreiben Bücher darüber voll:
"Falls es jemals eine stichhaltige Untersuchung zu Geschlechtsunterschieden im Kommunikationsstil gegeben hat, so muß sie uns entgangen sein", schreiben im Jahre 1997 Arnold A. und Clifford Lazarus, Vater und Sohn, beide anerkannte Psychologen in den USA, ihre Skepsis. Demgegenüber veröffentlichen Allan und Barbara Pease in 1998 ein dickes Buch mit hunderten von Unterschieden zwischen Männern und Frauen - auch und besonders im Kommunikationsverhalten, nachdem die beiden australischen Sozialwissenschaftler und Kommunikationstrainer dazu *"drei Jahre mehr als 400 000 Kilometer durch Australien, Neuseeland, Singapur, Südafrika, Sambia, die USA, England, Holland, Deutschland, Italien, die Türkei"* und weitere 10 Länder auf allen Kontinenten gereist sind, *"Dokumente durchforscht, Experten interviewt und Seminare abgehalten haben"*.

Es ist wohl so, wie es z.B. Daniel Goleman ausdrückt: *"Wann immer große Gruppen wie Männer und Frauen miteinander verglichen werden, findet man mehr Ähnlichkeiten als Unterschiede."* Doch gerade diese Unterschiede sind es, die alles so spannend machen: Ein Brückenschlag von Mensch zu Mensch, von Frau zu Mann kann schwieriger sein, als einer von Europa nach Amerika.

Typisch Mann!? Typisch Frau!?

Unterschiede im Kommunikationsverhalten zu erkennen und zu berücksichtigen, ist eine unerläßliche Voraussetzung für ein "Gut ank☺mmen". Zudem steckt darin oft die Chance, die unterschiedlichen Stärken zu kombinieren und gemein-sam zu nutzen, Synergieeffekte zu erzielen.
Es gab und gibt, berechtigt oder nicht, Bedenken, die biologisch eindeutigen und die gesellschaftlich herbeigeführten Unterschiede zwischen Männern und Frauen als Grundlage für Handlungsstrategien zu nehmen. Und wenn schon die biologischen Unterschiede nicht zu leugnen sind, so wird in Frage gestellt, ja, nach wie vor bekämpft, diese mit gesellschaftlichem Verhalten in einen Zusammenhang zu stellen. Wurde und wird z.B. in England schon allein sprachlich zwischen "Sexus" als biologischem und "Gender" als sozialem Kontext unterschieden, war dieses in Deutschland derart tabuisiert, daß bis heute ein deutscher Begriff für "Gender" fehlt und deshalb nun allmählich der englische Begriff sinngleich übernommen wird:

**Gender(lekt) =
Geschlechterspezifisches
(Kommunikations-)Verhalten**.

Alle biologischen und soziologischen Erkenntnisse lassen zunehmend die Schlußfolgerung zu, daß es allgemein typisch männliche und typisch weibliche Merkmale und Verhaltensweisen gibt, aber daß die individuelle Ausprägung des einzelnen Menschen in allen Varianten zwischen absolut typisch Mann und absolut typisch Frau vorkommt.

In einer Gesellschaft, in der die traditionellen Rollen von Männern und Frauen zugunsten von gleichen Rechten und Funktionen langsam, wenn auch noch zu langsam, verschwimmen und verschwinden, zumindest aber weniger bedeutsam werden, z.B. im politischen und beruflichen Alltag, kommt es darauf an, die ursprünglich männlicheren und weiblicheren Eigenheiten und Stärken zu kennen, zu bemerken, zu nutzen, zu verknüpfen in der Kommunikation und zur Kooperation; denn dieses bedeutet im Kern, gemeinsam sein und auf ein gemeinsames Ziel hin gemeinsam handeln.

Männlich: ein Wort. Weiblich: ein Buch.

Männer: "Männer verhalten sich wie Männer; Frauen verhalten sich anders, eben wie Frauen. Hm. So ist es eben."

Frauen: "Laß uns vielleicht doch 'mal ein wenig drüber reden, ob sich Männer und Frauen manchmal oder öfter, irgendwie, ein bißchen so oder so unterschiedlich verhalten oder vielleicht auch nicht." Darüber diskutieren Frauen allerorten und schreiben Frauen viele Bücher. Es ist auffällig, daß zum "Geschlechterspezifisches Verhalten" die Zahl der weiblichen Autoren die der männlichen weit überwiegt und auch in der Wissenschaft auf diesem Gebiet überwiegend Frauen wirken. Es scheint typisch: Männer widmen sich Problemen, wenn sie sie als solche erkennen, handlungsorientiert; sie reden nicht lange und viel, sondern arbeiten an der Lösung, wenn sie das Problem lösen wollen. Frauen müssen über Probleme mit anderen reden - mit "vielleicht" und "eventuell", mit "wenn und aber"; was nicht bedeutet, daß Frauen Probleme nicht bewältigen. Frauen kommunizieren und lösen Probleme eben anders als Männer.

Es ist eher weiblich, viel zu reden, Phantasien, Gedanken und Gefühle auszusprechen - erheblich mehr als der typische Mann: Eine Frau kann mühelos zwischen 6.000 und 8.000 Wörter am Tag von sich geben. Die inhaltsbesetzten 2.000 bis 3.000 Tongeräusche und 8.000 bis 10.000 nonverbalen Botschaften mitgerechnet äußert eine typische Frau mehr als 20.000 Kommunikationsträger. Beim typischen Mann sind es im Durchschnitt nur etwa 7.000, davon zwischen 2.000 und 4.000 Wörter, etwas mehr als ein Drittel von dem, was eine Frau täglich kommuniziert.
Die Telefongespräche von Frauen dauern durchschnittlich mehr als dreimal so lange, wie die von Männern. Dieses bestätigt sich in Untersuchungen immer wieder. Zudem telefonieren Frauen insbesondere im privaten Bereich um ein vielfaches öfter als Männer.

Die kommunikativen Aktivitäten und Fähigkeiten sind bei Frauen grundsätzlich wesentlich ausgeprägter als bei Männern. Hierin liegt eine Chance zum gemeinsamen Erfolg.

✍ Frauensprache - Männersprache[1]

Wer die wesentlichen geschlechterspezifischen Unterschiede im Kommunizieren berücksichtigen und im gemeinsamen Interesse nutzen will, der muß bedenken:

In der **Frauensprache** ist
- menschliche Nähe der Schlüssel zu und in einer
- Beziehungswelt, in der es darum geht,
- Brücken zu finden oder anzulegen und so
- Unterschiede zu verringern, besser noch
- Übereinstimmungen zu erzielen,

In der **Männersprache** ist
- Unabhängigkeit der Schlüssel zu und in einer
- Statuswelt, in der es Erfolg verspricht,
- Befehle zu erteilen, entgegenzunehmen, auszuführen:
- Anordnungen, Ordnung sind das primäre Mittel der
- Status-, der Unterschiedsbegründung und -erhaltung.

Männer wollen Informationen (Fakten) erhalten bzw. weitergeben, wollen Ergebnisse, Lösungen vorstellen.
Frauen wollen mit Sprache Nähe schaffen, Beziehungen aufbauen, festigen, pflegen und reden deshalb über Sorgen, Probleme, Überlegungen, Möglichkeiten.

Männer reden Klartext, wenn sie über Daten, Fakten, Informationen sprechen. Da sie es vermeiden, über Gefühle zu reden, kennen sie die eher umschreibende (codierte) Sprache weniger gut als Frauen.
Frauen verschlüsseln (codieren) ihre Botschaften bezüglich ihrer Gefühle, Wünsche, Erwartungen und auch ihrer Lösungen oft. Andere Frauen verstehen diesen Code leichter als die meisten Männer.

Was ist in Anbetracht dieser, besonders in der Kommunikation und somit auch für die Kooperation bedeutsamer Unterschiede zu tun? Zuerst, als Voraussetzung zum Besseren:

**Verstehen,
um verstanden zu werden.**

[1] Orientiert an Oppermann, Karin/Weber, Erika.: Frauensprache - Männersprache; Zürich 1995

Erstes Fazit zur zwischenmenschlichen Kommunikation.

1. Bei jeder Kommunikation sind drei Grundelemente miteinander verbunden:
   - die Person, die etwas sagt (**Sender**/Kommunikator),
   - die **Nachricht** (Botschaft/Message) und
   - die Person, die die Nachricht aufnimmt (**Empfänger**/Rezipient).

   Es geht also darum, **Wer Was Wem** übermittelt.

2. Die Nachricht enthält in der Regel vier Aspekte:
   - den **Sachinhalt** (worüber informiert wird),
   - die **Beziehung** (was der Sender vom Empfänger hält, wie Sender und Empfänger zueinander stehen, wie der Sender zur Sache und zu den Umständen steht),
   - die **Selbstkundgabe** (was der Sender über sich selbst kundgibt),
   - der **Appell** (welchen Einfluß der Sender nehmen will, was der Sender vom Empfänger erwartet).

3. Die Nachricht wird regelmäßig **verbal** (Sprache) und **nonverbal** (nichtsprachliche Signale) übermittelt.

4. Der Empfänger nimmt die Nachricht in der Regel in den vier Aspekten auf: den Sachinhalt, Beziehungsäußerungen, die Selbstkundgaben und den Appell.

5. Der Empfänger entwickelt das **Empfänger**, eine Rekonstruktion des vermuteten Gemeinten.

6. Der Empfänger gibt **Rückmeldungen**, sendet Reaktionen und oft zugleich zusätzliche Botschaften.

7. Zwischenmenschliche Kommunikation findet auf drei Ebenen statt; auf
   - der **Sach-/Inhaltsebene**,
   - der **Beziehungs-/Gefühlsebene** und
   - der **strategischen Ebene** (auch Metaebene).

Gut ank☺mmen.
Gewinnbringend kommunizieren.
Verstehen, um verstanden zu werden.

II.

Was ist wahr, was wirklich?

Über die mehreren Wahrheiten,
die objektive Wahrheit
und die subjektiven Wahrheiten.

Wie wirklich ist die Wirklichkeit ?

"Das wackelige Gerüst unserer Alltagsauffassungen der Wirklichkeit im eigentlichen Sinne ist wahnhaft", behauptet und belegt Paul Watzlawick[1]. Konfusion und Desinformation beeinträchtige die Kommunikation: *"Mit Konfusion sind Kommunikationsstörungen und die daraus folgenden Verzerrungen des Wirklichkeitserlebnisses gemeint. Desinformation sind jene Komplikationen und Störungen der zwischenmenschlichen Wirklichkeit, die sich bei der aktiven Suche nach Information oder der absichtlichen Verschleierung oder Verweigerung von Informationen ergeben können."*

Störungen in der Kommunikation zwischen Menschen sind in der Regel nicht gewollt, meist nicht einmal bewußt, aber sie treten oft auf als Sperren, Barrieren, Hindernisse, Lücken, Verzerrungen, als "psychologischer Nebel" usw.

Die Ursachen für Störungen sind so vielfältig wie deren Erscheinungsformen; sie können in der Situation, in den Rahmenbedingungen, sie können in den beteiligten Personen, im Sender und im Empfänger, begründet sein. Sie sind offenkundig oder hintergründig; sie sind logischer oder psychologischer Art; sie sind eher technisch oder eher emotional. Häufig sind die Ursachen komplex, also ein Summe aus mehreren, oft unterschiedlichen Einzelursachen.

Die Wirkungen von Kommunikationsstörungen sind ebenso vielfältig wie ihre Erscheinungsformen und Ursachen. Eines ist den meisten Störungen gemein: Sie bewirken ein anderes Empfangsergebnis als das Gewollte. Die Nachricht kommt nicht "gut" an, d.h. gar nicht oder fehlerhaft.

Die meisten Kommunikationsstörungen lassen sich verhindern, verringern oder überwinden. Dieses verlangt entsprechende Kenntnisse, die "richtigen" Einstellungen, vielfältige Fähigkeiten und ... üben, üben, üben.

---

[1]Watzlawick, Paul: Wie wirklich ist die Wirklichkeit?; 21. Aufl., München 1976

🕮 Störungsursachen und -wirkungen.

In der unmittelbaren zwischenmenschlichen Kommunikation, bei einer Rede oder im Gespräch, können aus vielen, unterschiedlichsten Quellen Störungen entspringen. Wolfgang Rechtien[1] hält die folgenden für besonders relevant:

- *"Fehlerhafte Enkodierung: Die semantischen Bedeutungen entsprechen nicht dem, was der Sprecher mitteilen wollte; dazu gehören auch Fehler in der Syntax* (Zusammenfügung)*, die zu Un- oder Mißverständnissen führen können."* Fehler entstehen zudem dadurch, *"daß ein Sprecher die Stimmung oder Einstellung seiner Zuhörer falsch einschätzt und zu Ausdrucksweisen greift, die zu unerwünschten Reaktionen führen.*

- *Fehler in der Signalemission: z.B. Versprecher, zu leise, falsche oder undeutliche Aussprache, aber auch mißverständliche Betonungen von Worten, Satzteilen oder Sätzen.*

- *Fehlerhafte Signalaufnahme: Hörfehler.*

- *Fehlerhafte Dekodierung: Die Entschlüsselung (Interpretation) durch den Rezipienten erbringt etwas anderes, als der Kommunikator ausdrücken wollte."* Das gilt auch, wenn *"ein Rezipient ein unzutreffendes Bild des Gegenübers hat, z.B. von dessen Einstellung oder Absicht, und dadurch in seiner Interpretation beeinflußt wird.*

- *Uneindeutige oder widersprüchliche Botschaften auf verschiedenen Kommunikationskanälen: z.B. im verbalen und im nonverbalen Teil der Kommunikation."*

---

[1] Schneider, Detlef W./Rechtien, Wolfgang: Argumentieren, formulieren, überzeugen; Wiesbaden 1991

Gut ank☺mmen kann nur, was gut abgeht.

In jeder Phase des zwischenmenschlichen Kommunikationsprozesses kann es zu Störungen kommen:

- beim, im Sender selbst, z.B. bei der Entwicklung des Gedankens und dessen Übersetzung in sendefähige Signale,
- beim Absenden der bewußt entwickelten und der vom Unterbewußtsein produzierten Botschaften,
- im Übertragungsvorgang, hier insbesondere durch situative, durch äußere Einflüsse,
- bei der Ankunft beim Empfänger (an dessen "Empfangstoren") und
- bei der Aufnahme und Verarbeitung durch diesen.

Da wir es bei einer unmittelbaren zwischenmenschlichen Kommunikation mit einem zyklischen Prozeß zu tun haben, in dem zwischen den Beteiligten gleichzeitig in beiden Richtungen Sender-Empfänger-Vorgänge ablaufen, sind die störungsanfälligen Bereiche und somit die Möglichkeiten von Störungserscheinungen und -ursachen zahlreich.

Beide, der Sender und der Empfänger, können aber dazu beitragen, daß Kommunikationsstörungen zwischen ihnen verhindert, verringert oder überwunden werden. Oft können dazu auch Dritte beitragen, wenn sie günstigere Rahmenbedingungen herbeiführen können, dieses von vornherein oder im Verlaufe des Kommunikationsprozesses.

Die besten Chancen, für eine störungsfreie, zumindest aber störungsarme Kommunikation zu sorgen, hat der Sender. Schließlich kennt er das Ziel, zumindest sollte er es kennen; so kann er die erforderlichen Voraussetzungen und die geeigneten Wege zum Erreichen des Ziels herausfinden und entsprechend Maßnahmen treffen, soweit es ihm möglich ist. Deshalb und insofern:

**Der Sender trägt die Verantwortung
für die Nachricht, die Botschaften.**

Wahr ist, was der Empfänger als wahr nimmt.

"Wahr ist nicht, was A (der Sender) sagt, sondern was B (der Empfänger) versteht." Als *"gußeisernes Grundgesetz jeder (verbalen) Kommunikation"* bezeichnet Michael Birkenbihl diese Erkenntnis. *"Die Nichtbeachtung dieses Gesetzes ist die Fehlerquelle Nr.1 bei allen Kommunikationsschwierigkeiten. Kein Mensch erfaßt und enpfindet als Empfänger den Inhalt einer Nachricht genauso, wie dies der Sender beabsichtigte, auch wenn dieser sich 'glasklar' ausdrückt!"*

Um die Chance eines möglichst zielgemäßen Empfangs in der Annahme, im Verstehen und im Verwerten zu nutzen, sind die eventuellen Kommunikationsstörungen auf dem Wege der Nachricht bis zum Empfänger zu berücksichtigen.

Störungen können verursacht werden schon durch eine mißverständliche Abgabe der Nachricht durch orientierungslose, unklare oder mehrdeutige Signale oder durch physikalisches Erlöschen oder physikalische Verzerrungen bei der Übertragung der Signale. Dazu zählt auch, daß sich das Gesendete unangenehm anhört oder durch irritierende oder ablenkende Signale begleitet wird. Ebenso kann eine Informationsüberflutung durch allzu große Informationsdichte, zuviel Inhalt in zu kurzer Zeit, Ursache für Informationsverluste sein, nicht nur aus technischen Gründen, sondern auch aus psychologischen, wie z.B. daraus resultierender Ablehnung (Akzeptanzmängel) des Senders.

Die Störungsanfälligkeit wird nicht nur durch das bestimmt, was übermittelt werden soll, sondern im überwiegenden Maße dadurch, wie die Nachricht übermittelt wird.

Für eine zielgerichtete, wirkungsvolle, nachhaltig Kommunikation gilt und kann nicht oft genug betont werden:

**Wem das Was wichtig ist,
dem muß das Wie besonders wichtig sein!**

"Golf" ist nicht immer gleich "Golf".

Kommunikationsstörungen haben häufig ihre Ursache in der Unklarheit nicht nur von Gedanken und Zielen und von Begriffen:

"Was hältst Du vom Golf?" Diese Frage, unvermittelt gestellt, ist ein Beispiel für die Behinderung einer zielwirksamen Kommunikation von vornherein: Was will der Sender wissen und in Bezug auf was für einen Golf?
"Gefällt mir nicht." Diese Antwort läßt ebenso alles offen: Was meint der Antwortende in der Sache und mit seiner Bewertung?

Der Mangel an Klarheit in diesen Aussagen ist offenkundig in den Zielsetzungen, in den Worten, im Inhalt: Der Sender encodiert unklar, weil er wahrscheinlich im Moment der Formulierung und des Aussprechens keine hinreichend klaren Vorstellungen von dem hat, was er erfahren möchte. Der Antwortende decodiert das Empfangene und encodiert anschließend seine Antwort unklar, wahrscheinlich, weil er keine hinreichend klaren Vorstellungen von dem hat, was der Sender erfahren möchte.

Dieter Speck[1] zu unklarer Kommunikation: *"Es ist gar nicht so einfach, unklare Kommunikation klar zu beschreiben. Doch kann ich dabei nichts falsch machen: Wenn Sie es nicht verstehen, dann wissen Sie, was unklare Kommunikation ist. Unklare Kommunikation ist oft nicht zielgerichtet. Dem Sprecher ist selbst nicht deutlich, was er ausdrücken will. Ist das eigentliche Ziel jedoch unklar, kann auch die Kommunikation nicht klar sein. ... Unklare Kommunikation erzeugt Unwillen* (und Unsicherheit beim Zuhörer). *Der Zuhörer hat Verständnisschwierigkeiten, kann Darstellungen nicht folgen und reagiert verärgert. Seine Konzentration läßt nach. Er schaltet ab."* Oder er reagiert, wenn überhaupt, dann oft ebenfalls unklar.

---

[1] Speck, Dieter: Kommunikationstraining für den Alltag; 2. Aufl., Düsseldorf 1990

✏ **Den Wald vor lauter Bäumen nicht erkennen.**

Die Gesetzes-, die Verwaltungs- und die Gerichtssprache sind oft ein Beispiele dafür, daß es unzulänglich oder gar nicht gelingt, verständlich auszudrücken, was gemeint, was gewollt ist. Unklarheiten erleben wir aber auch täglich in anderen Zusammenhängen, in Zeitschriften und Büchern, in Vertragstexten, in Gebrauchsanweisungen. Dazu Dieter Speck[1]: *"Oft ist es gerade das Bemühen um Klarheit, welches zu unklarer Kommunikation führt. Aus Angst, etwas zu vergessen, wird peinlich genau alles aufgelistet. So peinlich oder so genau, daß am Ende niemand mehr weiß, worum es am Anfang ging.*

Auch die gegenwärtige 'man(n)/frau-Diskussion' führt in ihrem Bemühen um Klarheit zur Unklarheit und wird spannend, wenn man/frau solche Passagen laut vorträgt. Aus dem scheinbar einfachen Sachverhalt der niedersächsischen Landesverfassung:
 'Der Ministerpräsident beruft die Minister.
 Er ernennt seinen Stellvertreter.'
wird dann:
 'Der Ministerpräsident bzw. die Ministerpräsidentin
 beruft die Minister bzw. Ministerinnen.
 Er ernennt seinen Stellvertreter bzw. seine Stellvertreterin bzw. sie ihren Stellvertreter bzw. ihre Stellvertreterin.'
Vorrangiges Ziel solcher Bemühungen ist nicht die sprachliche Klarheit, sondern die Gleichberechtigung. Mit formalen Mitteln wird so einem inhaltlichen Mißstand begegnet. Die sprachliche Kommunikation wird unklar.

Unklare Kommunikation entsteht nicht nur, wenn das Ziel unklar ist, sondern paradoxerweise auch dann, wenn das Ziel so detailliert beschrieben wird, daß man am Ende den Wald vor lauter Bäumen nicht mehr sieht."

Sprache wird so, leider oft und bedenkenlos, nicht als Mittel der Verständigung, sondern zur Lösung eigener Probleme, Pflichterfüllung oder Selbstdarstellung mißbraucht.

---

[1]Speck, Dieter: Kommunikationstraining für den Alltag; 2. Aufl., Düsseldorf 1990

Nebel beeinträchtigt die Sicht der Dinge.

Des öfteren, wenn ich über Kommunikation rede oder Kommunikationstrainings veranstalte, werde ich wegen meiner betont positiven Aussagen über Vera F. Birkenbihl und das, was sie vermittelt und wie sie es vermittelt, angesprochen.

Ich erkläre dann, daß unter den vielen Autoren und Trainern auf dem Gebiet der zwischenmenschlichen Kommunikation ist Vera F. Birkenbihl deshalb ein Vorbild für mich ist, weil sie das anregende Gefühl, die Gewißheit gibt, von dem, was sie vermittelt, tief überzeugt zu sein. Und sie läßt ihre Leserinnen und Leser, sie läßt die Teilnehmenden an ihren Veranstaltungen fühlen, daß es ihr ein echtes Anliegen ist, ihr Wissen, ihre Ideen und Anregungen weiterzugeben, dabei anzubieten, aber nicht aufzuzwingen. Vera F. Birkenbihl lebt deutlich vor:

Voraussetzung für eine "gute" Kommunikation ist, von der Sache überzeugt zu sein und den anderen zu mögen.

Ich weiß und ihr Erfolg bestätigt es, daß viele so oder ähnlich empfinden, aber nicht alle. Einigen gefällt diese Frau nicht; einigen gefällt nicht, wie sie sich anzieht oder wie sie agiert, wie sie redet "und überhaupt...". Demzufolge lehnen manche dieser Kritiker auch mehr oder weniger das ab, was sie sagt.

Dies ist ein Beispiel für erhebliche Störungsursachen in der zwischenmenschlichen Kommunikation. Harald Scheerer[1] bringt es auf den Punkt: *"Mag man denjenigen, der etwas zu uns sagt, so mögen wir zumeist auch das, was derjenige sagt; mögen wir den Sender nicht, so lehnen wir in der Regel das ab, was er sagt."* Ist die Beziehung gestört, entsteht "psychologischer Nebel". Ist der Nebel zu stark, so ist das Ziel nicht zu erkennen und der richtige Weg ist nicht zu finden:

Die Einstellung bestimmt das Verhalten und dadurch den Erfolg, das, was folgt!

---

[1] Scheerer, Harald: Reden müßte man können; Speyer 1983

Von Frau zu Frau: "Sind die Perlen echt?"

Diese Frage, von Frau zu Frau z.B. auf einer Party gestellt, hat es in sich; sie ist unter kommunikativen Aspekten in vielfältiger Hinsicht bemerkenswert. Wie viele andere Autoren greift auch Vera F. Birkenbihl[1] mit dem "Perlen-Beispiel" auf Paul Watzlawick und Gregory Bateson zurück, wenn sie daran zwei Ebenen in der Kommunikation, die **Sach-/Inhaltsebene** und die **Beziehungs-/Gefühlsebene** verdeutlicht:

"In der Inhalts-Ebene geht es, um den Inhalt des Gesagten, um Gedanken, Worte, Informationen, Daten, Fakten usw., also um Produkte unseres Denk-Hirns. Stark vereinfacht können wir festhalten, daß der Inhalt unserer Botschaften auf der Inhalts-Ebene gesendet und empfangen wird. Gleichzeitig erleben wir Gefühle, die wir mitteilen. Wir mögen etwas verärgert sagen oder mit Nachdruck. Dieser Druck kann andere be-eindrucken oder be-drücken. Die Art und Weise, wie wir etwas sagen (oder verbissen schweigen), ist ein wesentlicher Bestandteil des Kommunikationsprozesses. Und diese Signale definieren die Beziehung zum anderen, welche positiv, neutral oder negativ sein kann. Deswegen heißt diese Ebene ja auch Beziehungsebene. Solange die Beziehung positiv (oder neutral) ist, ist die Inhalts-Ebene quasi frei, d.h., die Botschaften können ungehindert zum anderen durchdringen. Fühlt sich aber mindestens einer der Gesprächspartner unwohl (Angst, Nervosität, Ärger, Neid, Eifersucht, etc.), dann wird die Beziehung selbst wichtiger als der Inhalt. Dann ist man abgelenkt, dann nimmt der andere nur noch einen Teil der dargebotenen Information auf. Nach Karl Festinger sprechen wir hier auch vom psychologischen Nebel: Wenn man sich über die Beziehung zum anderen Sorgen macht (wenn Unlust ausgelöst wird), setzt ja die (teilweise) Denkblockade ein. Man kann also nicht mehr alles auf- oder wahrnehmen. Man steht, bildlich gesprochen, im Nebel.

*Fassen wir zusammen: **Die Inhaltsebene liefert Informationen, während die Beziehungsebene Informationen über die Informationen liefert.**"*

---

[1] Birkenbihl, Vera F.: Kommunikationstraining; 11. Aufl., München 1991

Schein statt Sein.

Sowohl auf der Inhalts- als auch auf der Beziehungsebene wirken sich Störungen aus, die durch die Selbstkundgabe verursacht werden. Dazu Günther und Sperber[1] u.a.:

"Mögliche Probleme in der Selbstoffenbarung bei der Selbstdarstellung zeigen sich in Form von
- *Imponiertechniken: Eine Vielzahl von ihnen dient der gezielten Präsentation. Grundsätzlich ist das auch gar nichts Schlechtes, aber oft genug werden sie z.B. dazu benutzt, andere einzuschüchtern. Menschen mit einer tiefsitzenden Angst, nicht anerkannt zu werden, neigen dazu, sich permanent von der 'Schokoladenseite' zu zeigen. Angeben oder Prahlen sind Varianten, Koketterie(Gefallsucht) 'fischt' nach Komplimenten, usw.*
- *Fassadentechniken: Ebenso vielfältig wird damit das Ziel verfolgt, zu verbergen, zu verschleiern, Fassaden zu 'mauern'. Dies betrifft sehr häufig die Gefühle, vor allem dann, wenn geglaubt wird, es sei gefährlich, sie zu zeigen ... Auch die Angst, positive Gefühle zu zeigen, führt nicht selten zu eingeschränkter Kommunikation. Dann ist man lieber sachlich, gibt sich unbewegt oder äußert Gefühlsbotschaften 'verborgen': etwa Ironie statt Freude oder Ärger. Auch Schweigen kann Fassade sein. Schweiger in Diskussionen sind meist eher bestrebt, keine Fehler zu zeigen, als daß sie nur am Zuhören interessiert wären oder nichts zu sagen hätten. Die Angst, angegriffen zu werden, hängt unmittelbar mit der Selbstsicherheit und, auf der Ebene des Handelns, mit der Selbstbehauptung zusammen: Schüchternheit ist eine meist unfreiwillig erduldete Fassadentechnik ('seine Mauern nicht loswerden'). Auch hinter einer zur Schau getragenen Stärke kann Schüchternheit stecken.*

Was passiert: Die Kommunikation wird einseitig und störungsanfällig, weil die Nachrichten nur noch undeutlich oder gar nicht wahrgenommen werden können."

[1] Günther, U./Sperber, W.: Handbuch für Kommunikations- und Verhaltenstrainer; München; Basel 1993

✏️ "Impression Management" ist nicht nur von Übel.

Günther und Sperber[1] stellen sehr zu recht heraus:

"Wenn innere Haltung und Gefühlslage dem äußeren Verhalten entsprechen, spricht man von 'Kongruenz' (Übereinstimmung). Fehlt sie, besteht also 'Inkongruenz', ist es sehr wahrscheinlich, daß andere es über kurz oder lang wahrnehmen ... Der 'Inkongruente' wird als unoffen oder unehrlich oder verklemmt eingeschätzt. Seine ängstliche Bemühung, zu filtern, was heraus darf und was nicht (was bewußt oder unbewußt geschieht), frißt ein Stück seiner geistigen Kapazität auf, und schließlich verliert er Einfühlungsfähigkeit und Verständnis für andere und sogar für die eigenen Strebungen und Gefühle. Es wäre andererseits naiv, die Forderung nach permanenter Offenheit im täglichen Leben aufzustellen: Die Äußerung negativer Gefühle ist manchmal wirklich schädlich, z.B. gegenüber dem Vorgesetzten. Umgekehrt kann es durchaus wichtig sein, positive Seiten herzuzeigen, z.B. in Prüfungen oder bei Bewerbungen. Die Eindrucksbildung beim anderen bewußt zu steuern ('Impression Management') ist nicht nur von Übel."

Günther/Sperber über *"mögliche Probleme beim 'Appell'*:

Art und Ton des Appells führen leicht zum Gegenteil des erwünschten Effekts, zur Reaktanz (scheinbarer Widerstand), die auftritt, wenn sich ein Mensch in seinem Entscheidungsspielraum unangemessen, z.B. auch durch Appelle, eingeschränkt fühlt. Nicht selten geht die Reaktanz so weit, daß der Appell-Empfänger 'aus Trotz' sogar gegen seine eigenen Interessen handelt, nur um 'sein Gesicht zu wahren'. Appellfehler zu vermeiden, verlangt Sensibilität gegenüber den Empfindlichkeiten des Gesprächpartners. Um etwas zu bitten, ist meist (nicht immer!) günstiger (und nicht nur höflicher) als einfach zu verlangen. Barscher Befehls-/Weisungston ist meist eine ungeeignete Ausdrucksform eines eigenen negativen Gefühls."

Aber Vorsicht: Appelle, die auf leisen Sohlen und besonders raffiniert daherkommen, werden leicht als Manipulation empfunden und lösen deshalb Reaktanz aus.

[1] Günther, U./Sperber, W.: Handbuch für Kommunikations- und Verhaltenstrainer; München; Basel 1993

"WABRIMIDA?" - Die Antwort ist der Schlüssel.

Zielgerichtete, nachhaltig wirksame Kommunikation erfor-dert vom Sender und vom Empfänger entsprechendes Ver-halten, Handeln. Dieses setzt ausreichend Energie und deren konzentrierten Einsatz voraus. Zur Mobilisierung dieser Energie bedarf es hinreichender Beweggründe, zumindest aber eines maßgeblichen Grundes, sich in Richtung des Ziels einzusetzen, zu bewegen: Es bedarf einer ausreichenden Motivation.

Es genügt nicht, das Ziel zu kennen; es ist auch notwendig, zu wissen oder zumindest das Gefühl zu haben, daß sich zielgerichtete Anstrengungen lohnen, daß mit der Zielerreichung ein Nutzen verbunden ist für den Sender **und** für den Empfänger.

Bewußt oder auch unbewußt wollen sowohl der Sender als auch der Empfänger eine positive, weil dann aktivierende Antwort auf die meist unausgesprochene Frage:

WABRIMIDA?
(**WA**s **BRI**ngt **MI**r **DA**s?),

wenn ich mich bemühe, mich anstrenge, in einer bestimmten Richtung und Weise zu handeln?

Fehlt es an dieser Erkenntnis, mangelt es an dieser Motivation, ist die Kommunikation nicht nur von vornherein gestört, sondern es wächst damit die Gefahr nachfolgender weiterer Kommunikationsstörungen: Der Mangel an notwendiger Motivation kann nicht nur die zur Zielerreichung erforderliche Entwicklung von Energie und deren Einsatz verhindern, sie kann u.a. zugleich zu Ablenkungen auf andere, stärker anziehende Ziele, somit zu Konzentrationsmängeln, zu Mißerfolgen und zu Frust führen, aber auch Beziehungsstörungen bewirken. Deshalb immer wieder:

**Die Einstellung bestimmt das Verhalten
und dadurch den Erfolg, das, was folgt!**

✍ **Ethos. Pathos. Logos.**

Worte schlagen oft tiefere und langwierigere Wunden als die meisten Schwerthiebe.

Dieses arabische Sprichwort mahnt zum tugendhaften, rücksichtsvollen Kommunizieren. Es darf nicht darum gehen, den Mitmenschen durch kalte Strategie, gewiefte Taktiken und ausgefeilte Techniken zu besiegen, sondern sollte stets Ziel sein, durch werteorientiertes, einfühlsames Verhalten zur Partnerschaft und fairem Interessenausgleich, zu beiderseitig zufriedenstellenden Ergebnissen zu kommen.

Doch ein Blick auf die Bildungsangebote zur Kommunikation löst Bedenken aus: In den gedruckten und elektronischen Medien sowie in Lehrveranstaltungen überwiegt die Förderung der strategischen, taktischen und technischen Qualifikationen offenkundig. Stephen R. Covey's[1] Erkenntnisse in den USA gelten mit an Sicherheit grenzender Wahrscheinlichkeit auch in Mitteleuropa: Die Literatur über Erfolg, die in den letzten 200 Jahren veröffentlicht wurde, unterscheidet sich tendenziell erheblich. In den 150 Jahren bis etwa zum Ersten Weltkrieg dominierte eine *"Charakter-Ethik, in der Integrität, Demut, Treue, Mäßigung, Mut, Gerechtigkeit, Geduld, Fleiß, Einfachheit und Bescheidenheit als die grundlegenden Prinzipien für ein effektives Leben, für wirklichen Erfolg und anhaltendes Glück"* vorherrschten. Seit 1920 verlagerte sich der Schwerpunkt *"zu etwas, was Image-Ethik genannt werden kann. Erfolg wurde eine Funktion der Außenwirkung, des öffentlichen Images, der Sozialtechniken, die Schmiermittel für die Prozesse des menschlichen Miteinander sind."*

Covey erinnert mahnend daran, wie z.B. auch Harry Holzheu[2], daß *"die Griechen eine wunderbare Philosophie hatten, die in der Folge von drei Wörtern verkörpert ist:*

Ethos, Pathos, Logos;

Worte, die die Essenz enthalten, daß man erst verstehen wollen und dann erst sich effektiv selber darstellen muß."

---

[1] Covey, Stephen R.: Die sieben Wege zur Effektivität; 8. Aufl., Frankfurt/M.1997
[2] Holzheu, Harry: Ehrlich überzeugen; 4. Aufl., München 1996

Rhetorik mit ethischen Grundsätzen.

Rhetorik soll zum beiderseitigem Verständnis beitragen. Das setzt voraus, den Mitmenschen zuerst verstehen zu wollen, um daraufhin verstanden zu werden. Stephen R. Covey: *"Verstehen zu wollen erfordert Rücksicht, verstanden werden zu wollen Mut."*[1] Basis einer erfolgreichen Rhetorik sollte immer **Ethos** sein: die persönliche Glaubwürdigkeit, Vertrauen, das beim anderen ausgelöst wird. Gerade in einer Zeit des teilweisen Verlustes und teilweisen Wandels der Werte und der damit verbundenen Schwierigkeit der Wertorientierung wirkt Ethik in der Rhetorik in vielen Lebensbereichen als wertvolle Saat, z.B. in der Erziehung, im Beruf, in der Politik, im gesamten privaten und öffentlichen Leben.

Des weiteren ist bei der sendenden wie bei der empfangenden Person **Pathos**, sind Einfühlsamkeit und Rücksichtnahme elementar: Gefühl, das Einfühlen und das Mitfühlen, muß die verbalen und die nonverbalen Signale begleiten. *"Die emotionale Stoßrichtung in der Kommunikation muß auf den anderen eingestimmt sein."*[1] Feinfühliges Erkennen, Empathie, also Pathos steht nach Ethos an zweiter Stelle. Darum sind der Wille und die Fähigkeit zum aufmerksamen, aktiven Zuhören so bedeutsam in der Rhetorik; darum ist Reden (nur) Silber, Schweigen aber (fast immer) Gold. *"Einfühlsames, aktives Zuhören erzeugt gute Gefühle - auf beiden Seiten"*[2] und so die Chance zum Tiefgang, zur gewünschten Wirkung - dazu unterstützt durch Strategien, Taktiken und Techniken. Die in der Rhetorik erforderliche *"Charakter-Ethik beruht auf Prinzipien, die die Effektivität des Menschen bestimmen. Diese Prinzipien wirken wie Leuchttürme:*
- *Fairneß, ein Konzept von Gleichheit und Gerechtigkeit;*
- *Integrität und Ehrlichkeit;*
- *Respekt vor der Würde des Menschen;*
- *Dienen im Sinne des Beitrags zum Allgemeinwohl;*
- *Qualität, Spitzenleistung (als Ansprüche an sich selbst);*
- *Geduld, Pflege im Sinne von Fürsorge und Ermutigung."*[1] - Diese ethischen Prinzipien verlangen Mut.

---

[1] Covey, Stephen R.: Die sieben Wege zur Effektivität; 8. Aufl., Frankfurt/M.1997
[2] Holzheu, Harry: Ehrlich überzeugen; 4. Aufl., München 1996

✍ **Wer redet, der zeigt sich.**

"Sprich, damit ich dich sehe!" lautete der Titel eines Hörspiels von Günther Eich, das in den 50er Jahren von einer Kriegsblindenvereinigung mit dem Preis "Bestes Hörspiel des Jahres" ausgezeichnet wurde.

Ethische Grundlagen, moralische Einstellungen: Beim Reden offenbart sich der Mensch, ob er will oder nicht. Mit dem Reden nimmt der Mensch als Sender aber auch Einfluß auf den Mitmenschen, auf den Empfänger. Der Sender trägt so oft zur Veränderung des anderen bei; dieses ist schließlich regelmäßig das Ziel der Kommunikation.

Deshalb sind Ethik und Moral, sind Charaktereigenschaften und Tugenden in der Kommunikation elementare Kriterien. Es gilt, im Sinne von Ethik, sich bewußt zu sein und dem Mitmenschen bewußt zu machen, an welchen Normen und Zielen, an welchen Werten und Zwecken der Rede orientiert ist, ob Ziel und Inhalt der Rede den für die gesellschaftliche Praxis zugrundeliegenden, allgemein akzeptierten Normen entsprechen, also moralisch sind. Schlichter: Ist das, was geäußert wird, ehrlich und menschenfreundlich; kann es dem anderen nützen, aber steht es dem anderen frei, es anzunehmen und nach eigenem Ermessen zu verwerten?

Dementsprechend sollten die von Aristoteles geforderten vier **Kardinaltugenden** auch als ein wesentlicher Maßstab für die Qualität des Redens vor, zu und mit anderen Menschen gelten:

1. **Klugheit**: Ist das, was ich ausdrücke, klug?
2. **Gerechtigkeit**: Ist das, was ich ausdrücke, gerecht?
3. **Mäßigkeit**: Ist das, was ich ausdrücke, maßvoll?
4. **Tapferkeit**: Ist das, was ich ausdrücke, tapfer?

Durch die Rhetorik kann und sollte das Bemühen um Ehrbarkeit und Rechtmäßigkeit durch Menschlichkeit mit Liberalität, zumindest mit Toleranz deutlich werden:

Zum Menschen reden, nicht zur Sache!

Die Empfangsergebnisse variieren zwischen 0 und 100 Prozent.

Wenn eine Nachricht, mit welchen Inhalten, unter welchen Umständen, in welchen Formen auch immer, vom Sender abgesandt ist, liegt das Ergebnis beim Empfänger im Verhältnis zu dem, was abgesandt wurde, zwischen 0 und 100 Prozent. Meistens liegt es dazwischen; selten nahe 100 %:

- Oft gehen die Signale ganz oder teilweise verloren: akkustische Signale, z.B., weil sie zu leise abgesandt wurden oder der Lärm zwischen Sender und Empfänger zu laut war, optische Signale, weil es z.B. zu dunkel war.

- Ist der Empfänger nur eingeschränkt aufnahmefähig, z.B., weil er taub oder blind ist oder weil sein Gehirn, hier das Ultrakurzzeit-Gedächtnis, zur Zeit nicht "offen" ist, ist das Empfangsergebnis reduziert. Dasselbe gilt, wenn der Empfänger nur eingeschränkt aufnahmebereit ist, weil er sich z.B. anderen Informationsquellen zugewandt hat oder weil er sich gegenüber der Sache oder dem Sender verweigert.

Hat es keinerlei Kommunikationsstörungen gegeben, so wird das Empfangsergebnis hundertprozentig mit der abgesandten Nachricht übereinstimmen. Ein Ziel, das allzuoft nicht erreicht wird: Häufig, es ist wohl nicht übertrieben, zu sagen, im Normalfall ist das Empfangsergebnis nur ein Teil der abgesandten Nachricht, wenn auch in der Regel tendenziell eher in Richtung der 100 Prozent denn gen 0. Aber das Defizit ist oft erheblich, kommt es doch Sender wie Empfänger in der Regel auf die Vollständig-keit und auf das zutreffende Verständnis, auf die richtige Verarbeitung der Nachricht an.

Die Erfahrung lehrt, daß die Defizite im Empfangsergebnis umso häufiger, umso größer und umso bedeutsamer sind, je schwieriger die Kommunikationssituation in der Sache, in den Beziehungen oder aufgrund anderer Umstände ist.

Kaffee brühen durch neun(!) Filtertüten: W-I-E ?

Was geschieht, wenn bei dem Versuch, in einer Kaffee-Filter-Maschine bei voller Kapazitätsausnutzung Kaffee zu brühen, statt der üblicherweise nur einen neun oder gar noch mehr Filtertüten eingelegt sind? - Es geht schief: Aufgequollenes, feuchtes Kaffeemehl dringt oben aus dem Filterbehälter heraus; in die Kanne tropft es wesentlich langsamer als üblich und in der Kanne landet eine nahezu farblose, leicht gelbliche, dünne, gehaltose Brühe, die wie "Plörre", aber nicht wie Kaffee schmeckt.

Die einzige Möglichkeit, annähernd zu dem gewünschten Kaffee zu kommen, liegt darin, die meisten Filter herauszunehmen oder die Durchlässigkeit der neun Filter erheblich zu erhöhen - oder in einer Kombination von beidem. Wenn es dabei nicht möglich ist, die Zahl der Filter bis auf einen zu reduzieren, dann muß die Kaffeemenge und die Wasserzufuhr dosiert werden, d.h., es muß weniger Inhalt (Kaffeemehl und Wasser) eingeben werden und mehr Geduld aufgebracht werden, weil der Durchlauf langsamer ist.Dennoch muß davon ausgegangen werden, das im Ergebnis keine optimale Qualität erreicht wird.

Ähnliches gilt in der zwischenmenschlichen Kommunikation: Denn zwischen dem Sender und der von ihm abgesandten Botschaft und dem Empfang im Sender, dem Empfangsergebnis, sind in der Regel neun, manchmal sogar noch mehr "Filter" zu berücksichtigen:

1. "**W**ahrnehmungs-Filter" in Form von
    - Wahrnehmungs-Bereitschaft (insb. Aufmerksamkeit),
    - Wahrnehmungs-Fähigkeit (insb. Kapazität),
    - Wahrnehmungs-Interesse (bewußt oder unbewußt);
2. "**I**nterpretations-Filter" in Form von
    - verbalem Verständnis (insb. Sprache),
    - nonverbalem Verständnis (u.a. Körpersprache);
3. "**E**motionen" und gefühlsähnliche Faktoren wie
    - Erfahrungen, Erinnerungen,
    - Erhoffen, Erwünschen,
    - Erregungen und andere Formen von Empfindungen.

Immer wieder: "W-I-E, bitte?"

**Der Sender ist die Mutter der Nachricht,
der Empfänger ist der Herr(scher) darüber.**

Eine Mutter muß sehr viel tun für ihr Kind. Sie bildet es nicht nur "im Leib und unterm Herzen" heran; sie bringt es nicht nur zur Welt, sondern sie ernährt es, kleidet es, erzieht es: Sie sorgt sich um und für das Kind, damit es seinen, einen möglichst guten, Weg nimmt. Dabei kann eine Mutter die Einflüsse der Umwelt auf ihr Kind und auf dessen Weg nur teilweise steuern, keinesfalls aber völlig ausschalten. Auch die Umwelteinflüsse, bei weitem nicht nur die Beziehung zwischen der Mutter und dem Kind, prägen das Kind erheblich. Letzten Endes kann eine Mutter nicht entscheiden oder gar erzwingen, was aus ihrem Kind wird.

So ergeht es auch der "Mutter eines Gedanken"; so ergeht es dem Sender mit "seines Geistes Kind":

**Nicht, was gedacht ist, ist gesagt,
nicht was gesagt ist, ist,
sondern was daraus gemacht wird, ist,
und das entscheidet der Empfänger.**

Das Empfangsergebnis stellt der Empfänger im wesentlichen auf drei "Wegen" her, nämlich durch das "W-I-E":

W = durch **W**ahr-Nehmen

I = durch **I**nterpretation, durch Sich-Erklären,

E = durch **E**mpfinden, durch gefühlsmäßiges Belegen, also **E**motionen, durch Verbinden mit **E**rinnerungen, **E**rfahrungen.

"WIE bin ich angekommen?" fragt sich der Sender bewußt oder unbewußt, ausgesprochen oder unausgesprochen.
"WIE war das zu verstehen?" fragt sich der Empfänger bewußt oder unbewußt, ausgesprochen oder unausgesprochen.
Also auch hier:

**Wem das Was wichtig ist,
dem muß das W-I-E besonders wichtig sein!**

✍ Ein Empfangsresultat wird "angerichtet".

Wie etwas ankommt, wie es aufgenommen und wie es zu einem Empfangsergebnis verarbeitet wird, das sind deshalb besonders wichtige Fragen zum Kommunikationsprozeß, weil die Antworten Kommunikationsstörungen erklären können. Dazu Friedemann Schulz von Thun [1] u.a. über die

"Psycho-chemische Reaktion"

"Das, was die Nachricht 'anrichtet', richtet der Empfänger teilweise selbst an. Die innere Reaktion auf eine Nachricht erweist sich als ein Wechselwirkungsprodukt zwischen Saat (gesendeter Nachricht) und dem psychischen Boden, auf den diese Saat beim Empfänger fällt. ... Was die Nachricht 'anrichtet', ist eine Art psycho-chemische Reaktion, die entsteht, wenn zwei 'Stoffe' zusammenkommen. Beispiel: Wenn ein Empfänger kritisiert wird, der sehr stark von der Überzeugung durchdrungen ist, daß es schlimm und selbstwertbeeinträchtigend ist, Fehler zu machen, dann wird Verwundung und eventuell Aggression als psycho-chemische Reaktion auftreten, er wird 'explodieren'. Trifft dieselbe Kritik auf einen Empfänger, der es sich zugesteht, Fehler zu machen und darin keine Selbstwerteinbuße erlebt, kann die Reaktion harmloser und konstruktiver ausfallen. ...

Besonders der Psychotherapeut Ellis hat auf die Rolle solcher inneren Überzeugungen, die in starkem Maße unsere gefühlsmäßigen Reaktionen auf das bestimmen, was uns widerfährt, hingewiesen. ... Unter der kommunikationspsychologischen 'Lupe' kommen u.U. verborgene Schlüsselreize zum Vorschein.

Manchmal reagiert ein Empfänger überraschend und unverständlich für den Sender und zuweilen auch für sich selbst. Was ist passiert? Es hat eine psycho-chemische Reaktion stattgefunden mit einer Nachrichten-Komponente, die der Sender in seiner Nachricht gar nicht vermutet hätte oder auf die er das Schwergewicht seiner Äußerung nicht hat legen wollen."

[1] Schulz von Thun, Friedemann: Miteinander reden (Band 1); Reinbek bei Hamburg 1981

Drei Empfangsvorgänge wirken zusammen.

Das Empfangsergebnis beim Empfänger ist eine Kombination aus drei komplexen, jeweils noch differenzierbaren Vorgängen. In jedem dieser Vorgänge können sich sowohl bereits verursachte als auch dem jeweiligen Vorgang eigene Störungen auswirken. Schulz von Thun[1] erläutert die drei Empfangsvorgänge u.a. wie folgt:

"Es gibt drei verschiedene Vorgänge, aus denen sich die innere Reaktion des Empfängers aufbaut:
- *Etwas **wahrnehmen**.*
- *Etwas **interpretieren**.*
- *Etwas **fühlen**.*

Für die innere Klarheit des Empfängers und für seine Fähigkeit zum Feedback ist diese Unterscheidung von großer Bedeutung.

- ***Wahrnehmen** heißt:*
  etwas sehen (z.B. einen Blick) oder hören (z.B. eine Frage).
- ***Interpretieren** heißt:*
  das Wahrgenommene mit einer Bedeutung versehen, z.B. den Blick als 'abfällig' deuten oder die Frage als Kritik.
  Diese Interpretation kann richtig oder falsch sein.
- ***Fühlen** heißt:*
  auf das Wahrgenommene und Interpretierte mit eigenen Gefühlen antworten, wobei die eigene seelische 'Bodenbeschaffenheit' mit darüber entscheidet, was für ein Gefühl ausgelöst wird (z.B. Wut angesichts des 'abfälligen Blickes'). Dieses Gefühl unterliegt nicht der Beurteilung richtig oder falsch, sondern ist Tatsache.

*Warum ist es so wichtig, diese inneren Vorgänge zu sortieren? Damit der Empfänger sich darüber im klaren ist, daß seine Reaktion immer **seine** Reaktion ist mit starken eigenen Anteilen. Und damit er Ansatzpunkte sieht, diese eigenen Anteile gegebenenfalls zu überprüfen."*

[1] Schulz von Thun, Friedemann: Miteinander reden (Band 1); Reinbek bei Hamburg 1981

**Himmelhoch jauchzend, zu Tode betrübt.
Keine Stimmung gibt es nicht.**

Die Stimmungen des Senders und des Empfängers, die Stimmungslagen und somit auch Stimmungsunterschiede und -schwankungen spielen mit bei der Kommunikation und beeinträchtigen diese: Das Sich-wohl-Fühlen bleibt nicht ohne Wirkung, jegliches Unwohlsein erst recht nicht.
Dabei sind die jeweiligen Reizschwellen und die Intensität, mit der die Befindlichkeit positiv oder negativ beeinflußt wird, von Mensch zu Mensch unterschiedlich: Was dem einen zu warm ist, läßt den anderen noch frösteln; die Lautstärke, die den einen nervt, ist dem anderen ein Bedürfnis, ein momentanes Bedürfnis, denn die Empfindlichkeiten des einzelnen verändern sich häufig und oft schnell.

- Unser **Gedächtnis** verhält sich unserer Stimmung entsprechend.

- Unsere **Stimmung** bestimmt in entscheidender Weise mit, was wir wahrnehmen und wie wir uns verhalten.

- Gerade das **Zusammenspiel** von Phasen, in denen wir logisch planen, und anderen, in denen wir gefühlsmäßig reagieren, erlaubt uns, mit einer komplizierten Welt klarzukommen.

Mit diesen drei hervorgehobenen Thesen markiert Theo Gehm[1] *"die Rolle unserer Gefühle im Kommunikationsprozeß;"* denn *"offensichtlich spielen die eigenen Gefühle für die Fähigkeit, ein Gespräch zu gestalten, eine wichtige Rolle: In der Mood-memory-Forschung (vom englischen mood = Stimmung und memory = Gedächtnis) wurde versucht, diese Beeinflussungsprozesse genauer zu erklären, ein Untersuchungsfeld, das erst zu Beginn der achtziger Jahre intensiver behandelt worden ist ... Gerade schwer beschreibbare Phänomene wie das menschliche Gefühlsleben oder gefühlsmäßige, intuitive Entscheidungen werden immer detaillierter untersucht"* mit Befunden auch für den Kommunikationsprozeß; EQ, Emotionale Intelligenz, ist hier ein beachtenswertes Stichwort.

---

[1]Gehm, Theo: Kommunikation im beruflichen Alltag; Weinheim; Basel 1994

Nehmen ist wesentlicher denn Geben.

Der Empfänger nimmt an, nimmt auf, nimmt wahr:

- Er nimmt an, wenn er annahmebereit ist.
- Er nimmt auf, wenn er aufnahmefähig ist.
- Er nimmt wahr, was er wahrnehmen kann und will.

Banalitäten; aber wie ist es mit sogenannten Banalitäten? Vera F. Birkenbihl: *"Die Summe aller Banalitäten besteht darin, daß fast jeder sie kennt, aber kaum einer sie anwendet."* Das ist bewußt überspitzt formuliert, aber mit dem berühmten Körnchen Wahrheit versehen.

Die Annahmebereitschaft wird durch Aufmerksamkeit, durch die Zuwendung zur Sache und zum Sender, zum Mitmenschen, sowie durch Aufgeschlossenheit geprägt, durch eine positive Einstellung. Dabei ist die Motivation der wohl ausschlaggebende Faktor.

Die Aufnahmefähigkeit ist von vielen Voraussetzungen abhängig, vor allem davon, ob die Nachricht verständlich, gehirngerecht in Bezug auf den Empfänger gefaßt ist. Auch dieses ist banal, aber sehr wichtig.

Die Wahrnehmung ist insbesondere davon abhängig, was der Empfänger an Bestandteilen der Nachricht aufnimmt und welches Gesamtbild er davon mit anderen Komponenten für sich zusammensetzt. Es wird, ist und bleibt ein von ihm selbst gestaltetes Gesamtbild, sein Empfangsergebnis, selbst dann, wenn es im Ergebnis sogar das Bild ist, das ihm der Sender übermitteln wollte oder übertragen hat.

Wenn mit der Wahrnehmung die Annahmebereitschaft und die Aufnahmefähigkeit verknüpft sind, deuten sich damit bereits etliche Störungsquellen an. Dabei ist die Funktionsweise des menschlichen Gehirns ein wesentlicher Faktor und somit ein zentrales Thema, dem besondere Aufmerksamkeit zu widmen ist.

✎ **Signale versteht jeder so, wie er sie versteht.**

Das Wahrgenommene wird vom Empfänger so gedeutet, wie er es versteht. Dieses gilt für einzelne verbale und non-verbale Signale, dieses gilt für jede Kombination von Signalen; wie auch der Sender jedes abgesandte Signal mit der Bedeutung belegt, wie er sie versteht.

Solange beide, Sender und Empfänger, in den übertragenen Signalen dieselbe Bedeutung sehen, läuft die Kommunikation zwischen beiden insofern reibungslos, dieses selbst dann, wenn andere die Signale anders interpretieren, ob in Lexika, im allgemeinen oder fachlichen Sprachgebrauch.

Eine Kommunikationsstörung tritt dann auf, wenn der Empfänger einzelne Signale oder Signalkombinationen nicht versteht oder wenn Sender und Empfänger sie unterschiedlich deuten. Dieses ist dann der Fall, wenn einer von beiden oder beide die Sprache nicht beherrschen, sei es die Volkssprache, den Dialekt, die Fachsprache, die Körpersprache und gleich ob insgesamt, nur in Teilen, in einzelnen Wörtern, in Symbolen oder in Konstellationen (in Signalstellungen zueinander). Dazu Vera F. Birkenbihl:

"Digitale Informationen sind Informationen, die nur der versteht, der sie versteht. Digital-Informationen (also auch Worte) kann nur der verstehen, der sie früher einmal gelernt hat."

Jeder, Sender wie Empfänger, kann digitale Signale nur so verstehen und verwenden, wie er sie gelernt hat. Dabei kann der Empfänger durch Mitdenken aus vorhandenem Vorverständnis von Teilen des Wahrgenommenen ein zutreffendes Gesamtverständnis entwickeln oder aus einem Gesamtverständnis Teile in der Gesamtinformation, die ihm, für sich betrachtet, bisher unverständlich waren, zutreffend deuten. Wichtig ist: Nicht nur Wörter sind digitalisierte Signale, auch mathematische Zeichen (Zahlen und Symbole) und etliche körpersprachliche und andere Ausdrucksformen.

Liebe macht oft blind oder vieles rosarot.

Wahrnehmen, interpretieren und fühlen sind oft die entscheidendenden, die wirkungsstärksten Empfangsvorgänge in schwierigen Kommunikationssituationen. Friedemann Schulz von Thun unter diesem Aspekt: *"Fühlen heißt, auf das Wahrgenommene und Interpretierte mit eigenen Ge-fühlen antworten, wobei die eigene seelische Bodenbeschaffenheit mit darüber entscheidet, was für ein Gefühl ausgelöst wird."*

Vera F. Birkenbihl[1] faßt zusammen: *"Unsere Gefühle werden biologisch gesehen von unseren Hormonen produziert'. Wenn wir eine 'Wut im Bauch' haben, dann ist unser Blut mit zu vielen Kampfhormonen angereichert. Wenn wir hingegen die Welt durch eine 'rosa-rote Brille' wahrnehmen, dann sind es die Freudehormone, die uns so gut 'fühlen machen'. Welche Schlußfolgerungen lassen sich aus diesem Sachverhalt ziehen?*

1. Die Welt, die sog. Wirklichkeit, ist nicht so, wie wir sie wahrnehmen, sondern so, wie unsere derzeitige Gestimmtheit sie uns wahrnehmen läßt.

2. An Tagen, an denen sich zu viele Kampfhormone in unserem Blutkreislauf befinden, neigen wir dazu 'pessimistisch' zu sein, d.h., eher die negativen als die positiven Aspekte einer Sache oder Person wahrzunehmen!

3. An Tagen, an denen wir viele Freudehormone produzieren, neigen wir eher zu einer optimistischen Welt-an-Schauung!

4. Wenn ein Mensch ständig zu viele Kampfhormone produziert, dann befindet er sich sozusagen chronisch im Zustand einer teilweisen Denkblockade."

Hinzu kommt, daß negative gefühlsmäßige Grundeinstellungen des Empfängers zu Sachverhalten (z.B. in Form von Angst, Ekel) oder zur Person des Senders (z.B. in Vorurteilen wie "Der Lehrer ist fies.", "Steuerbeamte sind bösartig.") von vornherein und anhaltend den Blick trüben.

[1] Birkenbihl, Vera F.: Signale des Körpers; 6. Aufl., München 1990

Gut ank☺mmen.
Gewinnbringend kommunizieren.
Verstehen, um verstanden zu werden.

III.

Kommunikationsstörungen: Was tun?

Störungen in der zwischenmenschlichen Kommunikation verhindern, verringern, überwinden.

Kommunikationsstörungen: Was tun?

Im zwischenmenschlichen Kommunikationsprozeß ist jeder Teilbereich mehr oder weniger störungsanfällig. Die Störungserscheinungen sind so vielfältig wie ihre Ursachen. Kommunikationsstörungen sind sehr unterschiedlich in ihrem Wirkungsgrad; sie führen oft zu erheblichen Mißverständnissen bis hin zum absoluten Nichtverstehen oder zur totalen Blockade; sie können zwischenmenschliche Beziehungen negativ beeinträchtigen und gar zerstören.

KOMMUNIKATIONSSTÖRUNGEN

lassen sich, nicht immer, aber meistens

verhindern, verringern, überwinden!

Dieses kann insbesondere bewirkt werden durch

1. **Klare Zielorientierung**
   beim Sender und beim Empfänger.
2. **Positive Beziehung**
   von Sender und Empfänger zueinander sowie jeweils zur Sache und zu den Umständen.
3. **Motivation**
   beim Sender und besonders beim Empfänger.
4. **Rhetorik**
   ethisch, strategisch, taktisch und technisch.
5. **Gehirngerechtes Senden**
   digital und analog, rational und emotional, abstrakt und konkret, z.B. mit "Vier Verständlichmachern" (Ordnung, Einfachheit, Kürze, Anschaulichkeit)[1].
6. **Vergewisserung**s-Techniken, Rückkoppelungen (sog. Feedback) vom Sender und vom Empfänger.
7. **Optimierung der Rahmenbedingungen**.

Dieses alles setzt voraus, wenn denn **Gut ank☺mmen** soll, wer sendet und was gesendet und empfangen werden soll, die Kenntnis des Kommunikationsprozesses, die Fähigkeit zur störungsfreien, zumindest aber störungsarmen Kommunikation, vor allem die Bereitschaft dazu und die unerläßliche positive Einstellung zur Sache und zum Mitmenschen.

---

[1] Langer/Schulz von Thun/Tausch: Sich verständlich ausdrücken; 4. Aufl., München 1990

✎ Wer sein Ziel erreichen will, muß es genau kennen.

Die vorstehende Zielaussage ist derart einleuchtend und unbestreitbar, daß sie allzu leicht als Binsenwahrheiten abgetan wird; als Banalität wird sie aus dem Auge verloren und nicht mehr oder nicht gebührend beachtet. Wer aber ein Ziel erreichen will, der muß zuerst das Ziel kennen und zwar vollständig und genau, konkret und anschaulich. Er muß sodann wissen, wie er das Ziel erreichen kann, und er muß daran glauben, daß er es erreichen wird. Dieses muß im entscheidenden Moment klar sein, nämlich dann, wenn sich der Mensch entscheidet, in Richtung des Zieles handlungsaktiv werden zu wollen, also bevor er zu handeln beginnt. Alles dieses gilt auch und besonders in der Kommunikation und zwar für beide Beteiligte, für Sender und Empfänger.

Wer **Gut ank☺mmen** will, wird mit dem, was er übermitteln und erreichen will, und wer dabei wünscht, daß das **Gut ank☺mmen** kann, was bei ihm empfangen und verwertet werden soll, benötigt eine klare Zielorientierung und klare Antworten vor allem Fragen

Wohin? Wer? Wie? Warum?

Mit der Antwort auf das Warum werden die Gründe dafür, geklärt, warum Energie eingesetzt und gehandelt werden soll, wird die Antwort auf die Frage sowohl des Senders als auch des Empfängers gegeben nach dem

WABRIMIDA: Was bringt mir das?

So wird festgestellt und ggf. bewußt, daß die erforderliche Motivation vorhanden ist, oder, falls nicht vorhanden, wird die Motivation als eine wesentliche Voraussetzung geschaffen. Damit eng verknüpft und somit ähnlich grundlegend sind die Antworten auf "Wer? Mit wem?" und "Wie? Auf welchem Weg, auf welche Art und Weise?".

Wohin geht es? Was genau ist das Ziel?

Kommunikation verändert das Verhalten eines Menschen, beeinflußt sein Wissen, sein Wollen, sein Können, sein Sein und sein Tun, wobei ein Tun auch ein Dulden oder ein Unterlassen sein kann. Kommunikation bewirkt etwas, erzielt Wirkung(en). Was jedoch wird bewirkt: Gewolltes oder Ungewolltes?

> Was soll der Empfänger **wissen**?
>
> Was soll der Empfänger **können**?
>
> Was soll der Empfänger anschließend **tun**, anders tun als bisher?

Ziele in der Kommunikation, gleich wie genau und abgestuft sie festgelegt werden, haben einen Inhalts- und einen Leistungsaspekt. Dem Sender und dem Empfänger, beiden muß bewußt sein,

- auf welchen Inhalt es ankommt, was Sache ist und
- welche Leistung, welches Verhalten folgen soll.

Zielsetzung bedeutet **Ziele setzen**! Dazu Rudolf Neumann[1]:

"Was ist ein Ziel?

Ein Ziel ist ein vorgestellter Soll-Zustand oder Soll-Vorgang, den man in einem begrenzten Zeitraum erreichen will. Der BROCKHAUS zum Begriff Ziel u.a.: 'Ziel ist das, um dessenwillen alles geschieht, indem es die Wirkungsursache zum Hervorbringen, zum Überführen von etwas aus der Möglichkeit in die Wirklichkeit bewegt.'

Was heißt Setzung?

Gemeint ist damit das gedanklich klare Festlegen, etwa das schriftliche Beschreiben des Zieles oder der Ziele," möglichst operational, was bedeutet: Das Ziel als das angestrebte Endverhalten des Empfängers wird so präzise und so konkret, so anschaulich und so vorstellbar wie möglich dargestellt.

---

[1] Neumann, Rudolf: Zielwirksam reden; Renningen-Malsheim; Wien 1995

✍ Lernen: Wissen in Tun umsetzen.

Wenn unter Lernen, grob formuliert, aber im wesentlichen treffend, zu verstehen ist, daß Informationen angenommen, gespeichert und verwertet werden, dann ist Kommunikation regelmäßig auch ein Lernprozeß, dann gilt für die Kommunikation weitgehend auch das, was beispielsweise Michael Birkenbihl in seinem Buch *"Train the Trainer"* im Kapitel *"Lernzielbestimmung"* ausführt und hier in Form einer Zusammenfassung in Schlagzeilen dargestellt wird:

"Die Klassifikation von Lernzielen wurde zum ersten Mal 1956 in den USA von BENJAMIN S. BLOOM mit dem Begriff **Taxonomie** *bezeichnet, worunter die exakte, hierarchisch gegliederte Klassifikation von Lernzielen zu verstehen ist und zwar in den drei Bereichen und sechs Stufen*

    *I.   * **kognitiv** *(Wissen, intellektuelle Fertigkeiten),*

   *II. * **affektiv** *(gefühlsmäßige Einstellungen, Werthaltungen),*

  *III. * **psychomotorisch** *(Koordination von Bewegungsabläufen):*

     1. **Wissen** *(beibringen - im Sinne von eintrichtern),*
     2. **Verstehen** *(begreifen des Warum des Wissens),*
     3. **Anwenden** *(das erworbene und verstandene Wissen situationsgerecht anwenden),*
     4. **Analyse** *(Das Leben besteht aus Kommunikation, d.h., ständig empfangen wir Nachrichten von anderen oder senden Nachrichten an andere. Deshalb müssen wir in der Lage sein, diese Nachrichten zu analysieren. Dieser Vorgang umfaßt, wie BLOOM sehr klar herausgearbeitet hat, drei wesentliche Aktivitäten:*

        - *Das Identifizieren von Elementen, die in einer Nachricht enthalten sind;*
        - *die Fähigkeit, die Zusammenhänge zwischen den Elementen einer Nachricht zu erkennen;*
        - *das Erkennen der Struktur, die eine Nachricht zusammenhält.*

     5. **Synthese** *(Elemente und Teile zu einem Ganzen zusammenfügen in einer bestimmten Ordnung),*
     6. **Bewertung** *(als Gipfel der intellektuellen Fähigkeit)."*

Knapp am Ziel vorbei ist auch daneben.

Die Komplexität und Störungsanfälligkeit der zwischenmenschlichen Kommunikation erfordern für eine optimale Zielwirksamkeit eine klare Beschreibung des angestrebten Ergebnisses: Wie sich der Empfänger verhält, wenn er die Nachricht zielgerecht annimmt, verarbeitet und verwertet. Zur Beschreibung dieses Endverhaltens ist wichtig:

- Bestimmen und benennen des an die Kommunikation anschließenden Gesamtverhaltens.
- Bestimmen der Bedingungen, unter denen das Verhalten geäußert werden soll (z.B. was dem Empfänger an Möglichkeiten zur Verfügung steht, welche Einschränkungen und Hindernisse bestehen).
- Bestimmen des Beurteilungsmaßstabs für ein als gut, ausreichend, mangelhaft usw. geltendes Verhalten.

Ziele müssen genauso formuliert werden,, wie das angestrebte Endverhalten, das sich aufgrund der Kommunikation ergeben, das ERFOLGen soll. Zielangaben müssen insbesondere formuliert sein:

- so **präzise** wie irgend möglich,
- mit **aktiv**en Verben im Präsenz als **gegenwärtig**, als vorweggenommene Zukunft,
- **absolut** statt relativ,
- **realistisch**, dabei **mutig**.

Weitere wichtige Anregungen für Zielbeschreibungen:

- Die Zielsetzung ist grundsätzlich schriftlich festzulegen für den Sender und für den Empfänger. Das trägt nicht nur zur Klarheit bei, sondern hilft zur ständigen Orientierung bei der Vorbereitung sowie während und nach der Durchführung.
- Bei einem längeren Kommunikationsprozeß sind Teilziele zu setzen, um Schritt für Schritt die Zielnäherung zu prüfen, um erforderlichenfalls rechtzeitig Korrekturen vorzunehmen und um für den Erhalt oder für eine Belebung der Motivation zu sorgen.

🖎 Der Empfänger bestimmt sein Ziel.

In der Kommunikation mit einem oder zeitgleich mit mehreren Menschen entscheidet letztendlich jeder einzelne Empfänger darüber, was er annimmt und wie er das Angenommene verarbeitet und verwertet. Der jeweilige Sender kann bei niemandem, erst recht nicht in einer Gruppe, ein bestimmtes Empfangsergebnis und somit ein bestimmtes Verhalten erzwingen. Diese Erkenntnis ist von grundlegender Bedeutung für den Sender, für seine Zielsetzungen und für sein Bemühen um die Zielerreichung, gleich, ob er mit einem Menschen allein kommuniziert, in einer kleineren Gruppe oder zu einem größeren Publikum spricht.

Die **Identität der Zielsetzungen**, zumindest eine Annäherung daran, ist bei allen an der Kommunikation Beteiligten, von elementarer Bedeutung. Jegliche Inkongruenz in den Zielen kann zu einer Störung führen. Dabei ist die Störungsgefahr besonders groß, wenn Sender und Empfänger nicht frei bzw. fähig sind, unterschiedliche Zielsetzungen miteinander zu vereinbaren oder zu tolerieren. Dieses ist u.a. der Fall, wenn

- von dritter Seite Ziele vorgegeben werden (z.B. von Arbeitgebern, von Vorgesetzten, durch Rechtsnormen oder andere Bestimmungen wie Studien-, Lehr- und Ausbildungspläne, von Veranstaltern).

- die erforderlichen Voraussetzungen beim Sender (z.B. die fachliche Kompetenz) oder beim Empfänger (z.B. persönliche Fähigkeiten) fehlen.

- es beim Sender oder beim Empfänger an der unerläßlichen Bereitschaft mangelt.

Des öfteren liegen miteinander unvereinbare Zielsetzungen vor. Nach allgemeiner Lebenserfahrung ist nicht zu erwarten, daß die Ziele der Sender immer mit allen der Empfänger und der Auftraggeber identisch sind oder in Übereinstimmung gebracht werden können. Wenn sich dann Sender oder Empfänger der Kommunikation nicht entziehen, muß es darum gehen, eine möglichst große gemeinsame Zielmenge zu erreichen.

**Es recht zu machen jedermann, ist eine Kunst,
die keiner kann.**

Da es in der Kommunikation allen Beteiligten (im Gespräch, beim Vortrag, im Unterricht usw.) darum gehen muß, von vornherein eine zumindest weitgehende Übereinstimmung, möglichst eine Identität der Zielsetzungen sicherzustellen, ist es auch erforderlich zu wissen, **wer mit wem** kommuniziert. Möglichst viel wissen muß

- der **Sender** vor Beginn der Kommunikation über die Beteiligten: über den oder die Empfänger, über weitere Anwesende, über ggf. den Auftraggeber und auch über sich selbst, über die momentane eigene Verfassung und Einstellung;

- jeder **Empfänger** möglichst von vornherein, spätestens in der Anfangsphase der Kommunikation über alle Beteiligten, vor allem ggf. den Auftraggeber, über den Sender und ebenfalls über sich selbst;

- ggf. der **Auftraggeber** über den Sender und den oder die Empfänger bereits vor der Auftragserteilung.

Dabei ist besonders bedeutsam, daß der Sender möglichst viel über den bzw. die Empfänger weiß und zwar so frühzeitig, daß er sein Wissen möglichst von vornherein berücksichtigen kann. Der Sender muß sich dazu fragen:

- Was muß, was kann und was will ich über den oder die Empfänger erfahren, bevor ich mit der Planung der Kommunikation beginne?

- Was muß, was kann und was will ich zusätzlich in der Anfangsphase, was in späteren Phasen des gesamten Kommunikationsgeschehens über den bzw. die Empfänger erfahren?

- Was muß, was kann und was will ich dem oder den Empfängern vor Beginn und was während des Kommunikationsverlaufs über mich selbst offenbaren und in welcher Phase?

Dieses alles muß vom Sender überlegt, geklärt sein!

✍ Wer kommuniziert mit mir ?

Die Zweckmäßigkeit einer **Ziel-Person(en)-Analyse** als ein wichtiger Ausgangsfaktor in der zwischenmenschlichen Kommunikation ist offenkundig. Der Katalog an hilfreichen Informationen über den oder die Empfänger ist denkbar lang. Dazu hier Fragen, auf die Antworten, je nach konkreter Situation variiert, ergänzt oder reduziert, wichtig sind:

1. Um wie viele Teilnehmende wird es sich mindestens und höchstens handeln?

2. Wie ist ihr Alter, Geschlecht, (Vor-)Bildung, dabei insb. Kommunikations-/Sprachkompetenz, Beruf und ihre soziale Stellung, die ethische, moralische, religiöse oder politische Einstellung?

3. Wie stehen die anwesenden Personen zueinander (z.B. rechtlich, gesellschaftlich, insb. hierarchisch)?

4. Welche sachlich-fachlichen, welche gefühlsmäßigen Beziehungen, dabei insbesondere Wissen, Vorerfahrungen sowie Einstellungen (z.B. Vorurteile, Meinungen, Überzeugungen), haben die Anwesenden zur Thematik/Problematik bzw. von-/mit-/zueinander?

5. Wie stehen die Personen zur akuten Kommunikationssituation, z.B. zum Anlaß, zum Zeitpunkt, zum äußeren Rahmen, zur Atmosphäre? Dazu auch:

6. Nehmen die Personen freiwillig oder gezwungenermaßen teil? Und:

7. Ist die Teilnahme mit einem besonderen Verzicht oder Aufwand (z.B. finanziell) verbunden?

8. Was wissen die Personen über den Sender, dessen Absichten, ggf. dessen Auftrag und über dessen Einstellung zur Sache und zur Zielperson/-gruppe?

9. Wie ist die momentane körperliche, geistige und gefühlsmäßige Verfassung der Anwesenden?

10. Wie sind die Erwartungen der Teilnehmenden an den Inhalt und an die Art und Weise der Übermittlung? Welchen Nutzen erhoffen, erwarten, verlangen sie?

Gut ank☺mmen setzt voraus: Einander mögen!

Eine positive Einstellung, eine **positive Beziehung** zur Sache und besonders zum Menschen, zum anderen, aber auch zu sich selbst, ist eine wesentliche Voraussetzung, um Kommunikationsstörungen zu verhindern, zu verringern oder zu überwinden:

- **Man muß den anderen mögen**, der Sender den Empfänger, der Empfänger den Sender.

- **Nur wer selbst überzeugt ist, kann andere überzeugen** von einer Sache, einer Lösung oder Meinung, zu einer Einstellung und zu einem Verhalten.

- **Nur was positiv erscheint, kann positiv wirken.**

Eine positive und das meint vor allem eine achtungsvolle, wohlmeinende, freundliche, möglichst liberale, zumindest tolerante Einstellung zum Kommunikationspartner ist eine wesentliche Grundlage für zielwirksame Kommunikation. Dazu gehört, sich möglichst freizumachen von Vorurteilen gegenüber der anderen Person oder der Gruppe (z.B. von negativen Vorinformationen oder Vorerfahrungen) oder vom Anstoßnehmen an deren Eigenheiten (z.B. abstoßendem Äußeren oder unangenehmer Sprechweise) oder Gepflogenheiten (z.B. Gruppenritualen).

*In Dir muß brennen,
was Du in anderen entzünden willst.*

Diese Worte des Hl.Augustinus sagen, was in der Beziehung des Senders zur Sache für eine zielwirksame Kommunikation mit ausschlaggebend ist. Wer eine Sache selbst nicht als nützlich, wer eine Meinung nicht als respektabel, wer eine Entscheidung nicht als vertretbar, wer eine Einstellung oder ein Verhalten nicht als wertvoll ansieht, der wird nur schwer oder gar nicht überzeugen. Wer selbst nicht daran glaubt, daß das, was er übermittelt, gut ist, der wird nicht **Gut ank☺mmen**. Je mehr sich also der Sender vergewissert hat und sicher ist, daß das, was er übermittelt, vom Empfänger als nutzbringend angesehen wird, desto leichter überzeugt er zielgerecht, nachhaltig wirkungsvoll.

✎ Bis FÜNF gezählt und das Vorurteil steht.

Der Körper in seinem Erscheinungsbild aus Eigenheiten und Bewegungen ist ein offenes Buch: Bereits das Format und der äußere Umschlag, das Cover, wirken belebend, ansprechend, anziehend oder langweilend, gleichgültig, abschreckend. Positiv berührt wird der Betrachter zu einem Buch greifen und es mit Aufgeschlossenheit und Aufmerksamkeit näher betrachten und, wenn ihn nicht unerwartet doch noch etwas abschreckt, es lesen, die Inhalte verwerten und gut über den Autoren und das Buch sprechen. Negativ vom ersten äußeren Eindruck berührt, wird der Betrachter sich kaum oder nur mit größter Skepsis und weitgehend vorprogrammierter Ablehnung höchstens einen kurzen und nur noch oberflächlichen Blick auf die ersten Seiten dieses Buches leisten. Jetzt müßte beim Blick auf die ersten Seiten oder beim Durchblättern des Buches schon etwas Außergewöhnliches auffallen, um eine Bereitschaft zur näheren Betrachtung und später gar zu einer Aufnahme- und Verwertungsbereitschaft zu führen.

Der erste Eindruck ist ein zentrales Thema für die Psychologie und für die zwischenmenschliche Kommunikation und somit auch für Autoren wie Gabriele Cerwinka und Gabriele Schranz mit *"Die Macht des ersten Eindrucks."*, Leonhard Zunin mit *"Kontakt finden: Die ersten 4 Minuten."* und Fred Maro mit *"Sie haben nur 3 Sekunden"*.

$$5 + 55 + 555 + 5555 + ...$$

Diese Kette als Modell stellt dar: Der Mensch benötigt etwa **5** Sekunden, um allein das äußere Erscheinungsbild wirken zu lassen; danach sind es weitere etwa **55** Sekunden, in denen der erste Eindruck noch relativ leicht durch die Art und Weise des Sprechens und des übrigen Sich Gebens bestätigt oder verändert wird. Danach bleiben für noch etwa **555** Sekunden, also höchstens zehn Minuten, Chancen, durch den sachlichen Inhalt eindrucksvoll zu wirken und zu überzeugen, also vielleicht noch erste negative Eindrücke zu korrigieren. Danach bedarf es überproportional viel Zeit und extremer Anstrengungen, um zuvor etablierte (Vor-) Urteile zu verändern, und das mit zunehmend geringerer Aussicht auf Erfolg.

Wer andere öffnen will, muß sich selbst öffnen.

Das **Erscheinungs-BILD** des Senders beeinflußt maßgeblich das Empfangsbild, das Empfangsergebnis. Erscheint der Sender in der Sicht und im Empfinden des Empfängers
- unangemessen gekleidet und ungepflegt,
- unfreundlich, humorlos und schlecht gelaunt,
- verschlossen und distanziert bis abgeneigt,
- unterkühlt bis eiskalt und gefühllos,
- uninteressiert, gleichgültig oder gar widerwillig,
- unsicher, schwankend und unkonzentriert,
- unvorbereitet und ohne Konzept, unsolide,
- ohne Engagement und ohne erkennbares Wollen,
- ausdruckslos, eintönig und unbewegt,
- ... und ... und ... und ... ,

so wird der Empfänger entsprechend negativ reagieren, sowohl in der Einstellung und im Verhalten gegenüber dem Sender, als auch in der Sache, in der Annahme, Verarbeitung und Verwertung des gesendeten Inhalts. Die

Regeln zur positiven Wirkung

auf den Empfänger sind deshalb für den Sender einfach und unausweichlich:
- Wer Aufgeschlossenheit wünscht, muß Aufschlüsse über sich selbst geben, zu einem Teil zuerst.
- Wer Vertrauen wünscht, muß zuerst Vertrauen entgegenbringen.
- Wer pfleglichen Umgang mit sich und mit dem, was er vermitteln will, verlangt, muß selbst gepflegt erscheinen und von Beginn an pfleglich handeln.
- Wer Interesse an sich und der Sache wecken will, muß Interesse am anderen zeigen.
- Wer sympathisch wirken will, muß anderen Sympathie entgegenbringen.
- Wer Wissen anbringen, wer Standpunkte verankern will, muß selbst gewiß und standfest auftreten.
- Wer Mitarbeit wünscht, muß Vorarbeit leisten.
- Wer Menschen an etwas heranführen will, muß mit gutem Beispiel vorangehen, muß mitgehen, muß sich mitmenschlich verhalten; denn

Wie ich in den Wald hineinrufe, so schallt es heraus!

🕮 Mit Selbstvertrauen und Überzeugungskraft.

Für ein Verhindern, Verringern oder Überwinden von Kommunikationsstörungen Selbstvertrauen und Überzeugungskraft besonders wichtig. Alfred Thiele[1] stellt beides an die Spitze der allgemeinen Voraussetzungen zum:

" Selbstvertrauen entwickeln:
1. *Sagen Sie ja zu ihrer Person.*
2. *Entwickeln Sie mentale Stärke.*
3. *Akzeptieren Sie innere Unruhe.*
4. *Keine Rede-Kunst ohne Übung.*
5. *Bereiten Sie sich sorgfältig vor.*
6. *Entspannen Sie sich.*
7. *Sicher auftreten.*
8. *Jeder darf Fehler machen.*
9. *Die Wichtigkeit relativieren.*

Faktoren menschlicher Überzeugungskraft:
1. *Äußeres Erscheinungsbild.*
2. *Fachkompetenz.*
3. *Verständlichkeit.*
4. *Begeisterung und Überzeugung (auch von sich).*
5. *Rhetorische Präsentation.*
6. *Einfühlungsvermögen und Argumentationsgeschick.*
7. *Sympathiewert.*
8. *Vertrauen und Glaubwürdigkeit."*

Von Rolf H. Ruhleder[2] sind folgende Anregungen:

" Sicherheit, wie strahle ich sie aus?
1. *Halten Sie Blickkontakt mit den Zuhörern.*
2. *Stehen oder sitzen Sie aufrecht.*
3. *Nehmen Sie erst in Ruhe die Position ein, bevor Sie mit Ihren Ausführungen beginnen.*
4. *Werfen Sie zuerst ein Blick in die Runde.*
5. *Halten Sie die Ausgangs-Sprach-Lautstärke.*
6. *Eine freundliche, angemessene Mimik ist wichtig.*
7. *Lassen Sie die Hände hängen, oder setzen Sie sie in der positiven Zone ab (oberhalb Gürtellinie).*
8. *Beginn und Ende der Rede auswendig vortragen."*

[1] Thiele, Albert: Rhetorik; Wiesbaden 1991
[2] Ruhleder, Rolf H.: Rhetorik von A bis Z - die Fibel; Bonn 1989

1. Liebe Dich wie 2. Deinen Nächsten.

Beeinträchtigungen der Kommunikation entstehen auch in Abhängigkeit vom Selbstwertgefühl der Beteiligten und der Art, wie sie mit dem eigenen Selbstwertgefühl und dem des Mitmenschen umgehen. Vera F. Birkenbihl[1]:

> *"Das Selbstwertgefühl (SWG)*
> *ist die zentrale Einheit unseres Seins,*
> *auf die wir letztlich alles beziehen.*
>
> *Jeder Mensch möchte wertvoll sein. Ob er sich bemüht, ein besonders 'guter Mensch' zu werden, oder ob er 'gute Leistung' anstrebt. Ob er nun ein besonders 'guter Spezialist' oder eine 'perfekte Hausfrau' sein möchte. Was immer die Ziele auch sein mögen: Wenn wir diese erreichen, fühlen wir uns gut. Dann 'hat es sich gelohnt'. Dann fühlen wir unseren eigenen Wert."*

Dazu stellt Vera F.Birkenbihl u.a. folgende Thesen auf, erläutert und begründet sie:

> *"**Optimal kommunizieren heißt: Das Selbstwertgefühl des anderen achten**:*
>
> - *Wir können erst durch den Vergleich mit anderen ermessen, was wir wert sind.*
> - *Wir sind teilweise auf die Beurteilung anderer angewiesen, um unseren Wert zu finden.*
> - *Immer erhalten wir diese Beurteilung in dem Prozeß der Kommunikation.*
> - *Wann immer das SWG des anderen verletzt wird, leidet die Kommunikation.*
> - *Alles, was wir tun, tun wir letztlich, um das SWG zu erhalten, zu verteidigen oder zu verbessern.*
> - *Jedes Nichteinhalten eines internalisierten (verinnerlichten) Ge- oder Verbotes (deren Nichtbeachtung, jede Rücksichtslosigkeit) greift das SWG an."*

Wichtig ist dabei: Wer sich selbst nicht mag, wird es schwer haben, andere zu mögen, und noch schwerer, von anderen gemocht zu werden.

---

[1] Birkenbihl, Vera F.: Kommunikationstraining; 11. Aufl., München 1991

✍ **Mit Motivation durch Verhalten zum Ziel.**

Ohne hinreichende Beweggründe, ohne Motivation fehlt es an hinreichender Energie zur Zielerreichung, und es drohen gravierende Kommunikationsstörungen: Motivation, das Wecken, Beleben und Befriedigen von menschlichen Bedürfnissen ist treibende Kraft für eine zielgerechte, nachhaltig wirkungsvolle Kommunikation. Vera F. Birkenbihl[1] dazu:

> *"Optimal kommunizieren heißt:*
> *Die Bedürfnisse des anderen beachten.*
>
> *Es muß wohl kaum bewiesen werden, daß uns ein Gesprächspartner, der unsere Bedürfnisse anspricht, lieber ist, als einer, dem es nur gilt, seine Bedürfnisse zu befriedigen. Je mehr wir auf die Bedürfnisse des Gesprächspartners eingehen, desto mehr wird er (automatisch) unsere eigenen Bedürfnisse befriedigen.*
> *Wenn wir also gut kommunizieren wollen, müssen wir lernen, auf die Bedürfnisse des anderen einzugehen. Damit wir dies aber tun, müssen wir diese Bedürfnisse zuerst erkennen lernen. (Demzufolge:)*
>
> *Optimal kommunizieren heißt:*
> *Den anderen richtig motivieren.*
>
> *Ein Motiv ist etwas, das den Organismus dazu treibt, sich durch das, was er tut, einem Ziel näher zu bringen. Dieses Etwas wird oft als eine innere Spannung bzw. als ein innerer Drang (Drive) beschrieben. FREUD sprach vom Triebdruck, da er alle Bedürfnisse in Triebe und Antriebe einteilte. Triebe aber sind mit Energie besetzt, um sich durchsetzen zu können. Ein Motiv kann bewußt oder unbewußt sein. Jedes Motiv entspringt einem Bedürfnis und hat dessen Befriedigung zum Ziel. Jemanden motivieren heißt, jemanden dazu bewegen, ein von mir gewünschtes Verhalten an den Tag zu legen.*
>
> ***Jemand motivieren heißt: jemand veranlassen, ein altes Verhalten zugunsten eines neuen*** *(Verhaltens, weil auch eines neuen Bedürfnisses)* ***aufzugeben.****"*

[1] Birkenbihl, Vera F.: Kommunikationstraining; 11. Aufl., München 1991

Don't sell the steak, sell the sizzle.[1]

Zum Thema Motivation führt Vera F.Birkenbihl[2] aus:
*"Wenn uns einmal klar ist, daß **Motivation** eine **Verhaltensänderung** bedeutet, so müssen wir folgende Schlußfolgerung in die Kalkulation miteinbeziehen:*

1. *Nur momentanes Verhalten kann sofort beeinflußt werden.*
2. *Jedes regelmäßige Verhalten ist durch Lernprozesse entstanden.*
3. *Jede Änderung von regelmäßigem Verhalten bedarf eines neuen Lernprozesses.*
4. *Jeder Lernprozeß braucht Zeit, kann jedoch durch Anerkennung der neuen Leistung verkürzt werden.*

Verhalten überdenken, es rational beurteilen und es dann in die tägliche Praxis übertragen, sind nämlich zwei verschiedene Prozesse. Jedes neue Verhalten will gelernt und geübt sein. Dies gilt ganz besonders für Kommunikation.

Wie motiviere ich jemanden?

- *Ich motiviere jemanden, indem ich eines seiner unbefriedigten Bedürfnisse anspreche und ihm zeige, durch welches Verhalten er dieses befriedigen kann.*
- *Je besser der andere sich die Zielsituation vorstellen kann, desto motivierter wird er.*

Bei Manipulation werden nur die Bedürfnisse des Manipulierenden befriedigt, während die Bedürfnisse des Manipulierten außer acht gelassen werden. Am Ende ist nur der Manipulierende zufrieden.

Daraus ergibt sich folgende 'Goldene Regel':

***Das Kriterium optimaler Motivation ist,
daß beide Parteien schließlich zufrieden sind
(da die Bedürfnisse beider befriedigt wurden)."***

---

[1] Sinngemäß übersetzt: Verkaufe nicht das Steak, verkaufe die beim Grillen eines Steaks entstehenden zischelnden, knisternden Geräusche, die vermischt mit dem würzigem Geruch das Wasser im Mund zusammenlaufen lassen.
[2] Birkenbihl, Vera F.: Kommunikationstraining; 11. Aufl., München 1991

Gut ank☺mmen.
Gewinnbringend kommunizieren.
Verstehen, um verstanden zu werden.

IV.

Wie rede ich planvoll?

Rhetorik, die Kunst der Rede: strategisch zum Ziel.

Reden kann jeder: Gut zu reden, ist eine Kunst.

Rhetorik wird vielfältig und unterschiedlich erklärt, oft mit so vielen Worten, daß häufig irrtümlich gefolgert wird, Rhetorik sei das "Viele-Worte-Machen" an sich. Einige definieren kurz und klar wie Susanne Motamedi[1]:

"Rhetorik bezeichnet nichts anderes als die allgemeine Redekunst, und Redekunst ist der Überbegriff für vier Formen rednerischer Darstellung: informieren, kommentieren, überzeugen und unterhalten."

Es ist aufschlußreich und lohnend, sich einige der unterschiedlichen Definitionen von Rhetorik anzusehen. Im wesentlichen geht es um vier Aspekte beim "guten" Reden:

- um **Strategie**,
- um **Taktik**,
- um **Technik** und eigentlich vor allem
- um **Ethik.**

Der Aspekt Ethik wird von etlichen Autoren und Trainern, die sich mit der Rhetorik beschäftigen, nicht oder nur am Rande erwähnt und von vielen Redenden nicht oder nur unzureichend beachtet wird. Aber die Grundeinstellung, die Wertorientierung, der Charakter, auch die Tugend, Sitte und Moral desjenigen, der redet, sind von maßgeblicher Bedeutung beim Reden, beim Kommunizieren.

Im weiteren Sinne geht es bei der Rhetorik neben dem Reden mit Worten auch um das Reden "mit Händen und Füßen", um das Sich Äußern in der Kombination von Worten mit vielen anderen denkbaren Darstellungsformen: **Rhetorik** ist die **"Kunst der Rede"** mit Worten und begleitet durch das gesamte äußere Erscheinungsbild, insbesondere durch die Körpersprache. Insofern "redet" auch der Stumme und sprechen wir zu Recht von der Taubstummensprache:

**Reden kann jeder.
Gut zu reden, will bedacht, gelernt und geübt sein.**

[1] Motamedi, Susanne: Rede und Vortrag; Weinheim; Basel 1993

📖 Rhetorik als "Angewandte Hörerpsychologie".

- *"Unter Rhetorik verstehen wir die Theorie und Praxis mündlicher Kommunikation".* (Allhoff/ Allhoff)

- *"Rhetorik (griechisch: rhetorike techne) = Technik des Redens oder die Kunst, im richtigen Moment das richtige Wort in der richtigen Art und Weise zu sagen."* (Manfred Lucas)

- *"Die freie Rede ist die Kunst, Menschen zu beeinflussen, sie zu überzeugen und für sich zu gewinnen, ist ein Beitrag zur individuellen Entwicklung und Förderung der Persönlichkeit."* (Peter Ebeling)

- *"Der Begriff Rhetorik umfaßt das Bedeutungsfeld 'Redelehre - Redekunst - Redefähigkeit' und meint das bewußte oder unbewußte Beherrschen der Regeln und Techniken in den verschiedenen Formen konkreter Sprachverwendung durch ein sprechendes Individuum."* (Heinz Lemmermann)

- *"In der klassischen Rhetorik-Schulung geht es um die Fähigkeit, vor einer Gruppe überzeugend und sicher zu sprechen."* (Albert Thiele)

- *"Der Begriff Rhetorik (deutsch: Vortragstechnik) geht auf die Antike zurück und wird dort im Sinne von Redekunst verstanden, die sowohl die Fähigkeit, durch öffentliche Rede einen Standpunkt überzeugend zu vertreten, als auch die Theorie bzw. Wissenschaft dieser Kunst bezeichnet. Rhetorik beinhaltet Anweisungen und Regeln, mit deren Hilfe der Redner seinen Stoff formen kann."* (Berndt Zuschlag)

- *"Aus psychologischer Sicht definieren wir Rhetorik als 'Angewandte Hörerpsychologie'. Das läuft darauf hinaus, daß alles rednerische Handeln unter einem pragmatischen Aspekt der Rezeption gesehen werden kann."* (Günther/ Sperber)

Treffend einfach oder sehr kompliziert: Rhetorik.

- *"Rhetorik: Die Kunst zu reden oder Redegewandtheit, dabei Kunst im Sinne von Können und Beherrschen. Komplizierter aus einer Werbebroschüre für eine Rhetorik-Cassette(!): Rhetorik ist in erster Linie Psycholinguistik. Sie umfaßt die Sparten Semantik, Semiotik, Phonetik, Kinesik und Psychologie. Erkenntnisse der Kommunikations- bzw. Informationswissenschaft, der Lernpsychologie und Soziokybernetik spielen dabei eine Rolle."* (Rolf H. Ruhleder)

- *"Rhetorik ist die Kunst, die Gemüter der Menschen zu gewinnen, ihre Neigung zu leiten, wohin man will, und sie abzulenken, wohin man will. Die ganze Kraft und Kunst der Rede muß sich in der Beruhigung oder Aufregung der Gemüter unserer Hörer zeigen."* (Cicero)

- *"Rhetorik = Wissenschaft von der kunstgemäßen Gestaltung öffentlicher Reden, Redekunst, Redebegabung. Der Inhalt der Rhetorik ist in der Literatur oftmals eine Vermischung mit Methoden und Techniken der Dialektik sowie mit Erkenntnissen der Körpersprache oder mit Ausführungen über richtige psychologische Einstellungen und Einstimmungen."* (Peter von Quernheim)

- *"Rhetorik ist die Lehre vom wirkungsvollen Reden, bedeutet die Kunst, Gefühle zu erregen, Willen zu übertragen und Glauben zu wecken, und ist auch ein System für die Rede."* (Fey/Fey)

- *"Rhetorik ist die Kunst,*
    - *andere zu gewinnen und zu überzeugen,*
    - *das Nein des anderen in ein Ja zu verwandeln,*
    - *frei aufzutreten,*
    - *Gedanken richtig aufzubauen und zu übermitteln.*

  Rhetorik ist die Lehre von der Wirkung des Menschen." (Nikolaus B. Enkelmann,)

Reden vor anderen ist reden mit anderen, ist Dialog.

Zwischenmenschliche Kommunikation ist ein zyklischer Prozeß: Zwei Menschen, die in einem Beziehungsfeld, gleich in welcher Distanz, welcher Körperhaltung und welcher Sinneszuwendung, zueinander stehen, kommunizieren miteinander. Während jeder von beiden durch sein wahrnehmbares Verhalten, durch verbale und nonverbale Signale bewußt und unbewußt Botschaften sendet, empfängt er (Rück-)Botschaften vom anderen. Dabei sind auch Schweigen, Abwendung und Nichtbeachtung Botschaften, die als Aktion oder Reaktion gesendet und empfangen werden.

Selbst wenn ein Redner zu einer Gruppe spricht, so entsteht zwischen ihm als Sender und jedem einzelnen in der Gruppe, jedem Empfänger, eine individuelle, eine dialogische Beziehung. Zum einen erlebt der Sender jeden in der Gruppe und wertet dessen Verhalten subjektiv; zum anderen reagiert jeder in der Gruppe nach eigenem Empfinden und Ermessen auf die Sache, um die es geht, und auf den Sender, der die Sache vermittelt. Eine Ausnahme ist nur dann gegeben, wenn ein Redner vor einem derart großen Publikum spricht, daß es ihm und auch den meisten im Publikum nicht möglich ist, individuelle Verhaltensweisen wahrzunehmen, auf sich zu beziehen und darauf wiederum für den anderen wahrnehmbar zu reagieren. Individuelle Beziehungen be-stehen aber zwischen dem Redner und den Empfängern, die dem Redner so nahe sind, daß das Verhalten beiderseitig wahrgenommen werden kann.

Demzufolge steht eine Rede immer im Rahmen einer kontinuierlichen Wechselbeziehung, also einer Interaktion, einem zyklischen Prozeß zwischen jeweils zwei Menschen, dem Sender und dem Empfänger. Insofern ist auch zwischen einer Rede und einem Gespräch kein grundsätzlicher Unterschied. Deshalb gelten Regeln und Orientierungen in der Rhetorik auch für den Dialog, für das Gespräch, für eine "Moderne Rhetorik und Dialogik".

Moderne Rhetorik und Dialogik.

"Moderne Rhetorik und Dialogik: Rede und Gespräch in der Kommunikationsgesellschaft" ist Titel eines Buches von Willfred Hartig[1]. Der Buchtitel ist Programm zugleich. Allein schon das Kapitel *"Vom Gebrauch und Mißbrauch der Sprache - Zur Geschichte der Rhetorik"* vermittelt das sich stets wandelnde Verständnis von Rhetorik in aufschlußreicher und eindrucksvoller Weise. Im Kapitel *"Kritik-Forum für Rhetorik und Dialektik"* gibt Hartig seine Antworten auf die Frage:

Wie können wir einen zukünftigen Mißbrauch der Rhetorik und Dialogik verhindern?

"Dazu ist es erforderlich, eine bündige Ortsbestimmung vorzunehmen: **Was wollen wir und was nicht?**

1. *Moderne Rhetorik und Dialogik wollen nicht lehren, wie man immer und um jeden Preis als Sieger das Feld verläßt. Moderne Rhetorik und Dialogik lehren das 'Denkende Sprechen', nicht das 'Recht-haben-wollen-um-jeden-Preis'.*

2. *Moderne Rhetorik will, daß man überzeugend dasjenige vortragen kann, was man als recht und wahr ansieht. Moderne Dialogik will im Zweck- und Problemlösungsgespräch durch Meinungsaustausch zu einer umgreifenden Erkenntnis gelangen, die beide Seiten anerkennen können.*

3. *Moderne Rhetorik und Dialogik sollen uns dazu befähigen, was nach unserem Dafürhalten recht und wahr ist (aber nicht immer absolut recht und wahr sein muß), überzeugend vorzutragen. Im Gedankenaustausch mit anderen, die vielleicht etwas anderes für recht und wahr halten (das ebenfalls nicht immer absolut recht und wahr sein muß) zur Auffindung und Sichtbarmachung der ganzen Wahrheit zu kommen, das ist der eigentliche Zweck moderner Rhetorik und Dialogik."*

---

[1] Hartig, Willfred/Elertsen, Heinz: Moderne Rhetorik und Dialogik; 12. Aufl., Heidelberg 1993

"Betriebs-Rhetorik" als eine kommunikative Verwirklichung des kooperativen Führungsstils.

Für die Beziehungsgestaltung in allen Lebensbereichen, also auch und in besonders diffiziler Weise in der Kommunikation im beruflichen Alltag, gilt, daß wir uns in einer dynamischen, einschneidenden und tiefgreifenden Veränderungsphase befinden. Willfred Hartig[1] stellt zum *"Übergang zu einer rationelleren Gestaltung der zwischenmenschlichen Beziehungen in den Betrieben"* heraus:

"Betriebs-Rhetorik will das gesprochene Wort bewußt in den Dienst der Betriebsgemeinschaft stellen. Sie möchte das, was Martin Heidegger mit dem Blick auf die Rhetorik des Aristoteles als 'Hermeneutik der Alltäglichkeit des Miteinanderseins' bezeichnet hat, im übertragenen Sinne auch für das Betriebsgeschehen leisten. Die Betriebs-Rhetorik kann zusammen mit der Betriebs-Dialogik und der Betriebs-Psychologie eine Kommunikationsrolle übernehmen, die die zwischenmenschlichen Beziehungen im Betrieb regeln und wesentlich verbessern kann. Der Begriff 'Mitarbeiter' soll seinen echten Sinn und Wert erhalten. Mitarbeiter soll der gleichberechtigte Sozialpartner sein, der richtig und gerecht behandelt wird. Die partnerschaftliche Gestaltung des Betriebslebens ist eine der dringendsten Aufgaben der nahen Zukunft. Dabei ist ein Weg zu finden zu einer fortschrittlichen Menschenführung, die der Würde des einzelnen gerecht wird: Kein mundgerechter Altruismus (uneigennützige Menschenliebe), sondern eine Motivation, die aus der Erkenntnis für das Nützliche ein freiwilliges Tun ergibt. Wenn alle Betriebsangehörigen eine positive Einstellung zum Betriebsgeschehen haben, wird ein reibungsloses Zusammenarbeiten möglich sein. Dieses zu verwirklichen, setzt voraus, daß

1. *die **praktische Menschenkenntnis**,*
2. *die **richtige Mitarbeitermotivation**,*
3. *die **Beherrschung der Betriebs-Rhetorik***

immer mehr als Mittel zum besseren menschlichen Verständnis untereinander anerkannt wird."

---
[1] Hartig/Elertsen: Moderne Rhetorik und Dialogik; 12. Aufl., Heidelberg 1993

Der Begriff "Betriebs-Rhetorik".

"Betriebs-Rhetorik bedeutet das Schließen einer bisherigen Kommunikationslücke auf dem Gebiet der Pflege zwischenmenschlicher Beziehungen innerhalb der Betriebe. Der Begriff enthält:
1. *Das fachliche oder wissenschaftliche Referat.*
2. *Die Ansprache bei offiziellen und gesellschaftlichen Anlässen.*
3. *Das gesprochene Wort als stärkste Überzeugungsübertragung (z.B. im Informations-, im Gruppen- und Podiumsgespräch).*
4. *Das Gespräch als ein Mittel der 'Innenpolitik' des Betriebes (z.B. Zweier-, Klärungs-, Lehrgespräch).*
5. *Den Mitarbeiter als gleichberechtigten Gesprächspartner (z.B. in Konferenzen und Verhandlungen).*

Die Beherrschung dieser rhetorischen und dialogischen Möglichkeiten setzt eine Grundausbildung und ein intensives Training aller Beteiligten, besonders der Führungskräfte voraus. Die verschiedenen Formen moderner Gesprächsführung geben die Möglichkeit, verschiedene Meinungen und Widersprüche durch eine klärende Aussprache auszugleichen. Alle Mitarbeiter sind Menschen mit ihren Lust- und Unlustgefühlen, mit ihren positiven und negativen Stimmungen. Sie zu leiten und richtig zu behandeln, setzt Fähigkeiten voraus, unter denen das gesprochene Wort nicht das letzte sein sollte. Die Führungskräfte sollten erkennen, daß verbale und nonverbale Kommunikation zusammen bei der Erörterung betrieblicher Angelegenheiten eine überragende Rolle spielen kann. Anstelle der direktiven Anweisung sollte ein begründet-erläuterndes Anordnen treten (die Autorität der besseren Argumente)."

Qualifizierte Betriebs-Rhetorik wirkt für die Beteiligten als
1. **Stabilisierungshilfe,**
2. **Profilierungshilfe,**
3. **Motivierungshilfe** und
4. **Hilfe zur kommunikativen Selbstverwirklichung.**

---

[1]Hartig/Elertsen: Moderne Rhetorik und Dialogik; 12. Aufl., Heidelberg 1993

✍ **Ein einziger Satz kann eine "gute" Rede sein,
zu viele Sätze sind es nie.**

Es gibt keine allgemeingültige Festlegung, wie umfangreich eine Äußerung sein muß oder höchstens sein darf, damit sie schon oder noch als Rede bezeichnet werden kann. Von einer 'Rede' wird üblicherweise gesprochen, wenn es sich um eine in sich geschlossene Aussage oder um mehrere, in der Regel inhaltlich miteinander verknüpfte Aussagen handelt, unabhängig davon, ob eine Person weniger als eine Minute oder mehrere Stunden lang ununterbrochen redet: So propagiert Milo Frank in seinem Buch *"Wie Sie in einer halben Minute Ihren Standpunkt vertreten."* für eine Rede ein *"30-Sekunden-System"*, während andererseits im *"Guinness-Buch-der-Rekorde"* als die längste Dauer einer Rede 4 Stunden 29 Minuten* verzeichnet sind. Des weiteren kann eine Rede für sich stehen (z.B. als Einzelvortrag oder Predigt), sie kann auch ein Beitrag von mehreren sein (z.B. in einer Verhandlung oder Debatte).

Die **Art der Rede** läßt sich nach ihrem Anlaß bzw. ihrem Ziel benennen, z.B.

- die Rahmen-, Fest- oder Lob-Rede(Laudatio);
- der Fach-Vortrag oder der Bericht - beides auch als "Referat" bezeichnet;
- die kurze Erklärung,Verlautbarung, Stellungnahme - alles auch "Statement" genannt;
- die Predigt (laut DUDEN:*"Etwas eindringlich ans Herz legen, anempfehlen, jemanden zu etwas immer wieder ermahnen, auffordern, etwas in belehrendem Ton sagen."*).

Die **Struktur der Rede** und die Vortrags-/Ausdrucksweise werden ausgerichtet nach

- der Zielsetzung bzw. den Zielsetzungen,
- der Zielperson bzw. den Zielpersonen,
- den Rahmenbedingungen und nach
- dem eigenen Können und Wollen.

* Fidel Castro am 26.Sept.1960 vor den Vereinten Nationen in New York

Die Rede.

Z.B. Meyers Großes Taschenlexikon:

*"**Rede**, die: Ansprache, mündliche Darlegung von Gedanken vor einem Publikum über ein bestimmtes Thema oder Arbeitsgebiet. Die Rede ist im gesellschaftlichen und politischen Bereich von großer Bedeutung, z.B. als politische Rede, Gerichts-Rede, Laudatio, Predigt.*
- (Reimrede) mittelhochdeutsche Bezeichnung für kürzere lehrhafte Reimpaardichtungen; unterschieden werden Minne-R., geistliche R., didaktische R., Ehrenrede.
- in der Sprachwissenschaft: 1. die Wiedergabeform einer Aussage bzw. Äußerung und zwar als direkte Rede, indirekte Rede, auktoriale R. (die unmittelbare Wendung eines fiktiven Erzählers an den Leser), erlebte Rede; 2. Übersetzung von frz. Parole zur Bezeichnung des konkreten Sprechakts im Gegensatz zum abstrakten Sprachsystem(Langue); 3. jeder mündliche bzw. schriftliche Text überhaupt; 4. die höchste Einheit oder Ebene der Sprache, der Groß- oder Makrokontext."

Drei Rede-Gattungen oder Rede-Situationen:[1]

1. die **Rede**: überwiegend als Überzeugungsvortrag im politischen Raum.
2. die **Ansprache**: überwiegend als Verlautbarung im gesellschaftlichen, geschäftlichen, offiziellen Raum.
3. das **Referat**: überwiegend als Fachvortrag im technischen und wissenschaftlichen Raum.

Die Rede-Arten und -Formen.:[2]

- ***Informationsrede*** *(Fachvortrag, Referat, Vorlesung, Festrede, Bericht),*
- ***Überzeugungsrede*** *(Präsentation, Verkaufsrede, Politische Rede, Plädoyer, Statement/Stellungnahme),*
- ***Gelegenheitsrede*** *(Trauerrede, Jubiläumsrede, Damenrede, Geburtstagsrede, Hochzeitsrede).*

---

[1] Hartig, Willfred in: Moderne Rhetorik und Dialogik; 12. Aufl., Heidelberg 1993
[2] Ruhleder, Rolf H. in: Rhetorik von A bis Z - die Fibel; Bonn 1989

Rhetorik: strategisch, taktisch, technisch.

Um durch Rhetorik Kommunikationsstörungen zu verhindern, zu verringern oder zu überwinden, bedarf es

1. rhetorischer **Strategie**,

    d.h., eines von vornherein wohlbedachten, möglichst genauen Plans über die Struktur der Rede und das eigene Redeverhalten. Voraussetzung sind dafür möglichst genaue Kenntnisse über die Ausgangslage: über das Ziel bzw. die Ziele, über die Zielperson(en), über die Beziehungen und die Motivation, über die Rahmenbedingungen, dabei besonders über die gangbaren Wege sowie deren Vor- und Nachteile.

2. rhetorischer **Taktiken**,

    d.h., vorbedachte, einsatzbereite Verhaltensweisen (u.a. Flexibilität, Schlagfertigkeit) zu möglichen, aber nicht von vornherein feststehenden, nicht unabdingbar eintretenden Ereignissen, insb. Reaktionen des oder der anderen Beteiligten im Verlauf des Kommunikationsprozesses.

3. rhetorischer **Techniken**,

    d.h., Fähigkeiten, die ein zutreffendes, wirkungsvolles Empfangen gewährleisten, die verbale und nonverbale Ausdruckskraft gewollt eindrucksvoll wirken lassen, wozu insbesondere gehören

    - das "**Denk-Sprechen**",
    - die "**Grundregeln guten Redens**",
    - das "**Gehirngerechte Senden**", dabei auch
    - die "**Vier Verständlichmacher**",
    - die "**Vergewisserungstechniken**", insb.
    - die "**Fragetechniken**" und
    - das "**Feedback**" (Rückkoppelung/-meldung).

Rede-Strategie bedeutet genaue Rede-Planung.

Eine Rede zielwirksam zu planen, z.B.
- einen Sachvortrag / ein Referat,
- eine Meinungs- / Überzeugungsrede oder
- eine Gelegenheitsrede (Rahmen-, Fest- Lob-Rede),

erfordert die Kenntnis und Berücksichtigung der Voraussetzungen, insbesondere von Anlaß, Ziel(en), Zielperson(en), Beziehungen und Motivationen, Rahmenbedingungen. Drei Aspekte sind dabei für die Konzeption von herausragender Bedeutung:

Ziel - Zielgruppe - Zeit.

Wenn die Voraussetzungen geklärt sind, wird die

Struktur der Rede

(vor-)entschieden. Es ist zweckmäßig, diese Entscheidung frühzeitig zu treffen, weil die Redestruktur als Orientierungshilfe bei allen weiteren Vorbereitungen nutzt. Eine Anpassung der ursprünglich beabsichtigten Redestruktur aufgrund späterer Erkenntnisse oder veränderter Bedingungen ist nicht auszuschließen, aber in der Regel unzweckmäßig.

Nach der Strukturentscheidung steht die Sammlung von Inhalt an, die

Stoffsammlung,

was nicht ausschließt, daß Inhalt bereits angesammelt oder auch vorgegeben wurde oder später dazukommt. Dabei ist es grundsätzlich notwendig, erheblich mehr Inhalt anzusammeln, als in die Rede letztendlich aufgenommen wird; denn über den tatsächlichen Redeinhalt wird erst in der nächsten Vorbereitungsphase (vor-)entschieden, wenn es um die

Ausarbeitung/Ausgestaltung

der Rede geht.

Danach sollte die vorbereitete Rede bereits grundlegend und eingeübt werden; denn die

Übung der Rede

ist hilfreich für die abschließenden Vorbereitungen ebenso wie hinsichtlich der Qualität der späteren

Rede - Aktion.

✏ "I-D-E-M-A", fünf Arbeitsschritte zur Rede.

Die Rhetorik wurde schon in der Antike als bedeutsame Kunst angesehen, allerdings immer wieder umstritten in ihrer Anwendung. Im Mittelalter zählte die Rhetorik zu den sieben freien Künsten neben den vier mathematischen Künsten Arithmetik, Geometrie, Musik und Astronomie sowie Grammatik und Dialektik als zwei weiteren Sprachkünsten. Zwischenzeitlich schwankte der Stellenwert der Rhetorik. In der Informationsgesellschaft gewinnt sie wieder erheblich an Bedeutung.

Schon in der Antike wurde die Rede in fünf wesentlichen Arbeitsschritten vorbereitet, die sich auch heute als unvermindert zweckmäßig erweisen:

1. **Inventio,** die Stoffsammlung, d.h., das Zusammentragen von Ideen und Gedanken unter den Fragestellungen: **Wer**? **Was**? **Wo**? **Warum**? **Wie**? und **Wann**?;

2. **Dispositio,** die Auswahl und Gliederung, d.h., die Zusammenstellung der Ideen und Inhalte hin zu einer Rede-Struktur, auch zur Strategie;

3. **Elocutio,** die Ausarbeitung, insbesondere von Anfang und Schluß, weiterhin die stilistische Ausgestaltung, auch hinsichtlich der Verständlichkeit und der Anschaulichkeit (z.B. durch Redefiguren und Visualisierungen);

4. **Memoria,** die Aneignung, auswendig, wie in der Antike üblich, oder anhand eines Voll- oder Stichwort-Manuskriptes wie heute oft zweckmäßiger;

5. **Actio,** die Durchführung, d.h., die Umsetzung der Vorbereitungen in geeigneter taktischer und technischer Weise.

Dieser Vorbereitungsplan aus der Antike wurde und wird noch heute nach den fünf Anfangsbuchstaben

I-D-E-M-A

bezeichnet, eine Abkürzung, die wie ein Wort gesprochen wird, also ein Akronym.

"E-H-S.": Einleitung-Hauptteil-Schluß und Punkt.

Es gibt sehr viele sinnvolle und bewährte Redestrukturen und viele Kombinationen und Varianten davon. Eines ist allen Strukturen gemeinsam:

- ein **E**inleitungsteil, der Anfang;
- ein **H**auptteil, die Mitte;
- ein **S**chlußteil, das Ende.

Selbst wenn bei einer Rede auf einen textlichen Einleitungsteil und/oder auf einen textlichen Schlußteil verzichtet wird, was grundsätzlich nicht zu empfehlen ist, ändert das nichts daran, daß jede Rede einen Anfang und einen Schluß hat und daß beides seine Eigenheit, seine herausragende Bedeutung, weil jeweils spezifische Wirkung hat. Die Bedeutungen und die Wirkungen des Einleitungs- und des Schlußteils sind so groß, daß sich die Frage stellt, ob die gängige Bezeichnung für den Mittelteil mit "Haupteil" gerechtfertigt ist, denn

**Der erste Eindruck entscheidet;
der letzte Eindruck bleibt !**

Dies gilt für nahezu jede zwischenmenschliche Kommunikation. Deshalb ist es notwendig, sich der Funktion der Einleitung und des Schlusses bewußt zu sein vom Beginn der Planung einer Rede bis zu deren Ende. Die Einleitung und der Schluß einer Rede sind insbesondere unter strategischem Aspekt sorgfältig zu bedenken und zu planen. Beide erfordern spezielle Vorbereitung und eine besondere Qualität in der Präsentation. Allerdings darf die Bedeutung des Hauptteils nicht unterschätzt werden; denn jeder Teil einer Rede erfüllt wichtige sachliche, psychologische und dramaturgische Funktionen.

Entsprechendes gilt grundsätzlich auch für ein Gespräch für eine Konferenz, für eine Lehrveranstaltung usw., besonders für jeden ersten Redebeitrag dabei; deshalb nochmals als Betonung:

**Der erste Eindruck entscheidet;
der letzte Eindruck bleibt !**

✏️ **Anfangen - informieren/überzeugen - aufhören.**

Eine schlichte Grundstruktur für jede Rede (E-H-S. = Einleitung-Hauptteil-Schluß.Punkt.) wird von vielen Autoren/ Trainern ohne weitere Modifizierung(Abänderung) auch als

**STANDARD-Aufbau
für eine Kurzrede**

empfohlen. Dazu werden den drei Teilen als wesentliche Funktionen zugeordnet, was übrigens ähnlich auch für andere Redestrukturen gilt.

1. **Einleitung**steil:
   - Aufmerksamkeit beim Publikum, bei der empfangenden Person oder den empfangenden Personen wecken,
   - Kontakt/Beziehung zum Publikum aufbauen, Sympathie hervorrufen,
   - Thema, These, Forderung oder ähnliches nennen, Anlaß bzw. Problem bewußt machen,
   - Interesse/Motivation aufbauen,
   - Einstieg in das Thema;

2. **Hauptteil** (Mittelteil):
   Behandlung des Themas durch darstellen von
   - Informationen, Ansichten, Überzeugungen usw. mit
   - Belegen, Beweisen, Begründungen und daraus resultierenden einzelnen
   - Schlußfolgerungen: Lösungs-/Handlungsalternativen und Entscheidungen;

3. **Schluß**teil:
   - Zusammenfassung der entscheidenden Ideen, Gedanken, Argumente und/oder
   - die Hervorhebung genannter, aber besonders wichtiger Aussagen oder
   - Wiederholung der Eingangsthese(n);
   - Aufforderung zur Aktivität, zum Verarbeiten und Verwerten, zum Unterstützen, zum Mittun, zur Äußerung, also zu bestimmtem Verhalten;
   - positiv nachwirkenden letzten Eindruck sichern, durch guten Ausklang, z.B. durch Dank.

"A I D A", die Königin der Rede-Strukturen.

Eine besonders empfehlenswerte Struktur für eine Rede ist A I D A, eine Königin mit vier Zacken in der Krone:
- **A** = **A**ufmerksamkeit (Attention)
- **I** = **I**nteresse (Interest)
- **D** = **D**ringender Wunsch (Desire)
- **A** = **A**ktion (Action).

Ursprünglich in den USA von einer Werbeagentur für eine private Telefongesellschaft als günstig für einen Werbebrief herausgefunden, wurde die AIDA auch als Struktur für eine Rede und ein Gespräch übernommen und populär. Mancher schätzte diese Struktur mittlerweile quasi als die Krone unter den Redestrukturen ein. Aber wie das mit Königinnen so ist: Von vielen werden sie geliebt, selbst dann, wenn sie ein wenig angestaubt erscheinen; andere beachten sie kaum oder wollen sie gar vom Thron stoßen. Die Redestruktur AIDA *"geistert seit Jahrzehnten umher; einst von Fachleuten gepriesen, heute zum Teil angefochten,"* so schreibt Rudolf Neumann ein wenig geringschätzend, fügt aber hinzu: *"In der Redepraxis vermag einem die AIDA-Formel, vornehmlich beim Sprechdenken, den schnellen Aufbau und gedanklichen Ablauf einer Kurzrede oder eines Vortrages zu erleichtern."*

Wie bei allen Redestrukturen, die entwickelt wurden, ist es für den Sender sinnvoll, ja notwendig, je nach Ausgangslage und Zielsetzung jedesmal neu zu entscheiden, ob und ggf. in welcher Weise er die AIDA-Struktur anwendet. Die AIDA-Struktur wird jedoch von vielen Autoren und Trainern wohl zu Recht positiv herausgestellt, weil

- sie konkret auf wesentliche Aspekte einer zielwirksamen Kommunikation ausgerichtet ist, insbesondere auf die Probleme der Annahmebereitschaft, der Beziehung zur Sache, der Motivation,
- die Wirksamkeit dieser Struktur noch während des Redeverlaufes überprüfbar und leicht veränderbar ist,
- sie erprobt ist und sich bewährt hat.

📖 "A I D A" : Komposition und deren Improvisation.

"Attention. Interest. Desire. Action.", so lauten die vier Sätze der "Komposition AIDA", einer Struktur für ursprünglich einen Werbebrief, danach auch für Reden, Gespräche, Verhandlungen, Lehrveranstaltungen usw.:

- Im ersten Satz: *"Attention."* geht es um die Einstimmung. Es wird Aufmerksamkeit geweckt, und es wird sich eingestimmt auf den Sender und dessen "Tonart". Rudolf Neumann ergänzt, daß es in dieser Phase dem Sender auch um *"Anmut"* (im Sinne von Wohlgefallen/Sympathie) gehen muß, also um sein persönliches **Gut ank☺mmen** beim Empfänger.

- Im zweiten Satz: *"Interest."* geht es darum, beim Empfänger ein persönliches Interesse, ein Bedürfnis am Inhalt/Angebot zu erwecken, eine persönliche Berührtheit, Betroffenheit zu vermitteln und damit Motivation zum Empfang des folgenden Inhalts/Angebots zu entwickeln. Dazu Peter Ebeling sinngemäß: Sage, um was es Dir für Dich und für den anderen geht, und warum es für Dich wertvoll und für den anderen nützlich ist.

- Im dritten Satz: *"Desire."* wird das bisher entstandene Begehren (die Neugier/der drängende Wunsch) nach dem angekündigten Inhalt/Angebot befriedigt.

- Im vierten Satz: *"Action."* wird der Annahmeabschluß hinsichtlich des Inhalts/Angebots, die endgültige Abnahme und somit die angestrebte Auswirkung, die Auslösung bestimmter Handlungen und Veränderungen erzielt.

In der Struktur AIDA wird strategisch betonter berücksichtigt als in den meisten anderen Rede-/Gesprächsstrukturen die Wichtigkeit der Einleitung/Einstimmung, darin das Wecken von Aufmerksamkeit und Atmosphäre sowie von Interesse, also von positiver Beziehung und Energie auslösender Motivation.

ANTIK, aber durchaus nicht veraltet.

Der Rückblick auf Dispositions-Schemata (Redestrukturen), die aus der Antike überliefert sind, lohnt. Sie geben auch für heute verwertbare wertvolle Anregungen zur Stra-tegie, zur Entscheidung einer endgültigen Disposition für eine Rede oder ein Gespräch.

Umfassend und allgemein ist ein Schema von Aristoteles:
1. Eingang,
2. Darlegung des Sachverhalts,
3. Glaubhaftmachung,
4. Redeschluß.

Auch Cicero fordert Kürze und Klarheit:
1. Eingang,
2. Erzählung (Sachverhalt), wenn und soweit nötig,
3. Feststellungen der Streitfrage,
4. Beweis und Widerlegung,
5. Schluß.

Aus den bekanntesten antiken Dispositionen zeigen Allhoff/Allhoff in etwa folgendes **Grundschema** auf:
I. Redeschritt: Einleitung/exordium,
   Ziel: Aufmerksamkeit, Aufnahmewilligkeit, Wohlwollen;
II. Redeschritt: Vorstellen des Problems, des Themas/propositio, narratio,
   Ziel: 'parteiliche' Schilderung der Sachlage;
III. Redeschritt: Argumentation/argumentatio,
   - häufig aufgeteilt in:
     - Darstellung des eigenen Standpunktes (probatio) und
     - Widerlegung des gegnerischen Standpunktes (refutatio),
   Ziel: die eigene Problemsicht glaubhaft zu machen, zu überzeugen;
IV. Redeschritt: Redeschluß/peroratio, conclusio,
   Ziel: das Bewiesene soll noch einmal sicher (certum) gemacht werden.

✍ Die klassische antike Redegliederung.

Der römischer Rhetoriker Quintilian schrieb: *"Die Redekunst bedarf angestrengter Arbeit, eines unbändigen Eifers, verschiedener Übung, vielfacher Erfahrung, sehr hoher Klugheit und geistesgegenwärtigen Urteils."* Das Oratorische, das Quintilian vertrat, geht auf Cicero zurück, der das Rhetorische aus Griechenland (zu Ciceros Zeiten römische Provinz) vom Oratorischen als römische Redekunst herabsetzte. Das Rhetorische sei wortgewaltig, aber nichtssagend und versuche, einen Mangel an sachlicher Fundierung zu überdecken und sei somit manipulierend, urteilte Cicero. Das Oratorische beziehe sich auf fundiertes Wissen, orientiere sich an der Sache und nähere sich der Wahrheit durch Argumente und deren Abwägung, bemühe sich also anders und mehr als die griechische Rhetorik jener Zeit um Sachlichkeit, Rechtmäßigkeit und Ehrbarkeit.

Die **klassische antike Redegliederung** für Überzeugungsreden ist in acht Schritte unterteilt:

1. Gewinnen des Wohlwollens;
2. Darlegen der gegenwärtigen Situation, Darlegen des Problems;
3. Zeigen neuer, besserer Möglichkeiten und Beweisen bzw. Begründen ihrer Vorteile;
4. Begründen der Vorschläge und Begründung, warum sie günstig sind;
5. Vorwegnehmen möglicher Einwände und Entkräften dieser Einwände, auch durch Vergleich;
6. Zusammenfassen der Tatsachen und Hervorheben der wichtigsten Schlußfolgerungen;
7. Anfeuern und Begeistern, auch durch Ausmalen des Nutzens;
8. Aufruf zur Tat, Appell zum Handeln, zum Helfen.

Diese Gedankenschritte aus der Antike liegen heute vielen anderen, modernen Redestrukturen zugrunde.

Fünf Finger sind eine Handvoll.

Die meisten der modernen und von Autoren und Trainern vorrangig empfohlenen Redestrukturen sind "**Fünf-Sätze**", d.h., es sind strategische Baupläne in fünf Denkschritten und entsprechenden Handlungsabschnitten. Sie sind zielgerichtet, logisch-folgerichtig und psychologisch einfühlend, kurz und klar, damit einprägsam und leicht präsent. Dabei ist Satz nicht im grammatikalischen Sinn zu verstehen, sondern jeweils als ein Gedankenschritt und Handlungsabschnitt.

Wieso gerade die "5" immer wieder, z.B. in Form von "**Fünf**-Sätzen"?

Allhoff/Allhoff z.B. weisen kritisierend darauf hin, daß *"viele Rhetoriker der Gegenwart leider wieder zurückfallen in die mechanistische Auffassung der 30er Jahre"* mit dem *"Versuch, Denken und Argumentieren in 5-Satz-Modelle zu pressen."* Andererseits gehen wissenschaftliche Erkenntnisse dahin, daß ein Hang zur "Fünfigkeit" psychologisch und keinesfalls nur mechanistisch begründet ist. Tatsache ist, daß die Orientierung an fünf Elementen in vielen Fällen als Arbeits-, Merk- und Erinnerungshilfe nützt. Auch Allhoff/Allhoff führen an, daß in den unterschiedlichen Redesituationen für die Planung, die Vorbereitung und Durchführung einer Rede unter strategischen, taktischen und technischen Aspekten gut merkbare Modelle von Redestrukturen helfen.

Es müssen zwar nicht unbedingt "Fünf-Sätze" sein; es kann sich zweckmäßigerweise auch um drei, vier, sechs oder mehr Sätze (Schritte, Phasen, Abschnitte usw.) handeln. Aber fünf Schritte entsprechen dem, was der Empfänger in der Regel relativ leicht in einem Zug aufnehmen und verarbeiten und somit als Orientierungshilfe nutzen kann; denn die Fünf-Teiligkeit liegt im wahrsten Sinne des Wortes und augenscheinlich dem Sender und dem Empfänger auf der, genauer: in der Hand.

Redestrukturen, besonders "Fünf-Sätze", sind also als Verständigungs-, aber auch als Arbeitshilfe nützlich und deshalb empfehlenswert.

✎ **Im Sachvortrag: Neues mit Bekanntem verbinden.**

In einem Sachvortrag oder Fachreferat sollen dem Empfänger in der Regel für ihn neue Informationen übermittelt werden. Dieses gelingt erfolgreicher, wenn die vermutlich neuen Informationen in einen Sinnzusammenhang mit Kenntnissen und Erfahrungen, die beim Empfänger bereits vorhanden sind, gestellt werden. Die Aktivierung von bekanntem Wissen und vorhandenen Erfahrungen, besonders emotionaler und zugleich positiver Art, erhöht die Bereitschaft und die Fähigkeit beim Empfänger, die neuen Informationen anzunehmen, zu verarbeiten und zu nutzen. Die folgende Redestruktur ist darauf besonders ausgerichtet:

1. Einleitung: **Titel/Thema** und deren Bedeutung.
   Die Denkrichtung wird vorgegeben, die Verknüpfungsbereiche (Assoziationen) werden aktiviert; der Empfänger erfährt, worum es geht und warum es sich lohnt, die folgenden Informationen anzunehmen.

2. Überleitung: **Überblick über das Wesentliche**.
   Diese Orientierung hilft nicht nur, die folgenden Einzelinformationen leichter, weil verständnisvoller, aufzunehmen, zu verknüpfen und später wiederzufinden, sondern damit werden Meilensteine wie für eine Wanderung gelegt, die den Weg zum Ziel und zudem später den Fortschritt erkennen lassen.

3. Hauptteil 1: **Einstieg/Leitgedanken**/Grobschritte.
   Die späteren detaillierten Darstellungen werden vorstrukturiert, verdeutlicht durch z.B. Basisinformationen/Schlüsselaussagen und begrenzt durch Einschränkungen/Ausklammerungen.

4. Hauptteil 2: Einzelne **Sachinformationen**.
   Die Ergänzung der Basisinformationen durch die Details bedarf des Beweises durch Argumentation und der Erläuterung, der Illustration durch Beispiele.

5. Abschluß: **Zusammenfassung**; nichts Neues mehr.
   Hier wird deutlich, daß gehalten, was versproche wurde: Die wichtigsten Ergebnisse werden nochmals herausgestellt - ggf. verknüpft mit einem Ausblick.

Für den Sachvortrag: drei Strukturen von vielen.

Von den vielen Redestrukturen und anderen strukturellen Planungshilfen, die für einen Sachvortrag so oder leicht va-riiert von vielen Autoren und Trainern empfohlen werden, ausgewählt hier die folgenden drei:

Zum Beispiel empfiehlt Susanne Motamedi u.a.:

Ein Sachvortrag ist wie folgt aufgebaut:

a) Titel,
b) Überblick,
c) Einstieg,
d) Information und Argumentation,
e) Abschluß.

Zum Beispiel empfehlen Allhoff/Allhoff u.a.:

Sachvortrag, Referat:

1. Genaue Nennung des Themas und seiner Bedeutung,
2. Kurzer Überblick über die wesentlichsten Ergebnisse des folgenden Vortrags/Referats,
3. Grobgliederung,
4. Sachinformation,
5. Abschluß.

Zum Beispiel empfiehlt Rudolf Neumann u.a.:

Die **Lasswell-Formel** für das Richtziel: Informieren, ein Denkmuster in Form eines Frageschemas, um fünf wichtige Bestimmungsmerkmale im Kommunikationsprozeß unbedingt zu berücksichtigen:

1. **Wer** sagt, wer schreibt etwas?
2. **Was** sagt, wer schreibt er?
3. **Womit,** Übertragungskanal/Medium?
4. **Zu wem,** Zielperson/Zielgruppe?
5. **Welche Wirkung** wird dabei erzielt?

✍ **Mehr oder weniger neu: "Die Nachrichten ...".**

Innerhalb der Redeart "Informationen durch Sachvortrag" ist die Nachrichtenmeldung und sind ähnliche Kurzberichte eine besondere Form: Es geht darum, Wichtiges ohne Umschweife, knapp, kompakt, einprägsam zu übermitteln, also in sehr kurzer Zeit gezielt, eingängig und nachhaltig zu informieren, d.h., keine Einleitung, kein Schluß, kein Drumherum, sondern nur direkt zur Sache. Nicht nur für den Journalisten in Presse, Rundfunk und Fernsehen, sondern für jeden, der Informationen kurzgefaßt übermitteln will, ist eine Redestruktur im *Lead-Stil*[1] hilfreich:

1. **Gegenwart im Überblick = Hauptinformation**
   als Überblick über den aktuellen Stand:
   - Wer? - Was? - Wann? - Wo? - Woher(Quelle)?
   - Eventuell auch einen Überblick über das Wie.

2. **Gegenwart im einzelnen = Einzelheiten**
   über die genaueren Umstände und Abläufe:
   - Wie?

3. **Vergangenheit = Hintergründe**
   als logische oder zeitliche Vergangenheiten:
   - Warum oder wie ist es dazu gekommen?

4. **Zukunft im einzelnen = Folgen**
   für die nähere Zukunft:
   - Wozu führt das bald?

5. **Zukunft im Überblick = Aussichten**
   für die fernere Zukunft:
   - Wozu führt es in weiterer Zukunft?

In dieser Struktur sind die Informationen mit abnehmender Wichtigkeit aneinandergereiht: Das Wichtigste steht am Anfang, das Wichtigere jeweils vor dem weniger Wichtigen. Der Bericht, die Gesamtmeldung, ist so gefaßt, daß der Text ohne weiteres Satz für Satz von hinten gekürzt werden kann, z.B. bei Mangel an Platz oder Zeit und bei begrenzter Aufnahmebereitschaft/-fähigkeit.

---

[1] vgl. z.B. Bartsch, E.: Rhetorik im Umgang mit Medien, Typoskript 1982

Überzeugen, nicht nur mit Argumenten.

Dialektik, das überzeugende Argumentieren, ist ein für sich zu betrachtender wichtiger Themenbereich zur zwischenmenschlichen Kommunikation. Er steht mit Teilaspekten auch im unmittelbaren Zusammenhang mit der Rhetorik. Allhoff/Allhoff stellen beispielsweise ein *"Überzeugungsmodell"* dar, das in diesem Zusammenhang erwähnenswert ist: *"Wer überzeugen will, muß so motivieren, daß andere ihm zuhören; er muß verständlich informieren und so Stellung beziehen, daß andere ihre bisherigen Meinungen und Haltungen überdenken; dann können auch Begründungen akzeptiert werden, damit der Appell letztlich zum gemeinsamen Handeln führt."*

Dies verlangt vom Sender in Bezug auf den Empfänger:

- Motivieren   zum   Zuhören,
- Informieren   zum   Verstehen,
- Stellung nehmen zum   Nachdenken,
- Begründen   zum   Akzeptieren,
- Appellieren   zum   Handeln.

Eine derartige Entwicklung sollte in die strategische Planung für eine Meinungs-/Überzeugungsrede einbezogen werden, gleich ob als Redestruktur ein "Fünf-Satz" zu Grunde gelegt wird oder nicht. Es sind jedoch noch weitere Überlegungen zur Rhetorik unter strategischen, taktischen und technischen Aspekten anzustellen, unabhängig davon, welche Redestruktur gewählt wird. Das gilt vor allem für Zweckmäßigkeitsaspekte hinsichtlich des gehirngerechten, verständlichen Redens und des Argumentierens und auch hinsichtlich der Zuhörbereitschaft und Aufnahmefähigkeit des jeweiligen Empfängers. Ebenfalls ausschlaggebend für die Wahl einer bestimmten Redestruktur ist die Sache selbst und die Zielsetzung, also, worum es vorrangig geht:

Es kann fast immer ein "Fünf-Satz" sein, muß aber nicht.

✍ **Fünf mal Fünf zum rhetorischen Überzeugen.**

Von den "Fünf-Satz-Strukturen", die von Autoren und Trainern für **Meinungs-/Überzeugungsreden** in vielen Variationen angeboten werden, sind die fünf folgenden besonders beachtenswert. Sie können unverändert oder variiert wirkungsvoll angewandt werden:

1. Die **"Schlichte Kette"**:
    1. These (z.B. Behauptung, Forderung)
    2. - 4. Drei gute Gründe
    5. Schluß (z.B. Wiederholen, Betonen der These)

2. Die Standpunkt-Formel **"SABKA"**:
    1. **S**-tandpunkt klar nennen
    2. **A**-rgument(e) für den Standpunkt
    3. **B**-eispiel(e) zur Veranschaulichung
    4. **K**-onsequenz/Fazit
    5. **A**-ppell (z.B. zum Einnehmen eines Standpunkts)

3. Der Wittsack-Fünf-Satz **"ISSO"**:
    1. Wozu rede ich und warum ich ?
    2. Wie **IS**-t die Lage (Ist-Situation) ?
    3. Wie **SO**-ll es sein (Soll-Situation) ?
    4. Was ist zu tun (für die Soll-Situation)?
    5. Aufforderung zum Soll-orientierten Handeln!

4. Der dialektische Fünf-Satz **"Pro und Contra"**:
    1. Thema nennen
    2. These(n) und Argumente aus der einen Sicht
    3. These(n) und Argumente aus der anderen Sicht
    4. Urteil/Synthese aus der Abwägung von 2. und 3.
    5. Appell im Sinne der Synthese

5. Die **"Problem-Lösungs-Formel"**:
    1. Lage-Analyse (Fakten, Ereignisse, Probleme)
    2. Ursachen-Analyse
    3. Zielbestimmung
    4. Lösungsvorschläge/Maßnahmenempfehlung
    5. Appell zum lösungsorientierten Handeln

Ein "Drei-Satz" und ein "Sieben-Satz".

Der **"Informationsbogen"**, wie er von Berndt Zuschlag skizziert wird, ist in drei Aspekte gegliedert, nachdem vorab allerdings das Thema klar genannt ist:

1. **Orientierung**
   (Problembeschreibung, Frage, These, Ziel, Gliederung usw.)
2. **Erörterung**
   (Zielorientierte Gedankenentwicklung zu einzelnen Teilen des Themas)
3. **Zusammenfassung**
   (Ergebnis, Folgerung und Handlungsaufforderung)

Für eine **"Verhandlungs-Rede"** empfehlen Allhoff/Allhoff eine *"Persuasive Disposition"*[1] in sieben Schritten, wobei mit *"man"* jeweils der Empfänger gemeint ist:

1.	*Sagen, was man hören will*	*Motivation/Wohlwollen und Aufmerksamkeit gewinnen/Hörerbezug/Gemeinsamkeit*
2.	*Sagen, was ich nicht sagen will*	*Themahinführung/ Einschränkungen/ Ausklammerungen*
3.	*Sagen, was ich sagen will*	*Argumentation*
4.	*Sagen, was man entgegnen könnte*	*Gegenargumentation/ Beweis*
5.	*Sagen, was ich sagen will*	*Widerlegung*
6.	*Sagen, was man hören will*	*Verstärkung/Appell*
7.	*Sagen, was man behalten soll*	*Zielsatz*

---

[1] persuasiv = überzeugend

🕮 **"Zehn Bausteine" für eine Rede.**

Rolf H. Ruhleder[1] empfiehlt etliche Strukturen für den Aufbau einer Reden/eines Vortrags/einer Präsentation, darunter diese *"Zehn Bausteine"*:

Einleitung:
1. *Rhetorische Frage, Zitat, aktuelles Ereignis und dgl.*
2. *Begrüßung/Thema*
3. *Zeitlicher Rahmen/Gliederung*
4. *Dank/Vorstellung*

Hauptteil:
5. *Fakten, Ist-Zustand, Definitionen*
6. *Negative Konsequenzen*
7. *Alternative I: Wie es nicht gelöst werden sollte.*
8. *Alternative II: Wie es gelöst werden sollte.*

Schluß:
9. *Zielsatz/Motto/Message*
10. *10.1 Zusammenfassung*
    10.2. Positiver Ausblick
    10.3. Appell

Übrigens gibt Ruhleder in Verbindung mit seinen Struktur- und Gestaltungsvorschlägen für eine Rede als seine Antwort auf die Frage, "Wie lang darf eine Rede sein?":

Ganz einfach:
So lang, daß sie jedem kurz vorkommt.

[1] Ruhleder, Rolf H.: Rhetorik von A bis Z - die Fibel; Bonn 1989

HEY - YOU - WHY - WHAT - NOW!

Gut ankommen wird, was anspricht. Ansprechend wirkt, was Aufmerksamkeit erzeugt, was den Empfänger berührt und belebt, was ihn herausfordert und animiert. Dabei muß der Empfänger deutlich spüren, daß es dem Sender um ihn, den Empfänger, geht und daß ihn die Sache angeht. Dieses gelingt oft, nicht immer in diesen fünf Schritten:

1. **HEY!**

    Der andere Mensch, der Empfänger, wird vom Sender aufmerksam gemacht auf sich, den Sender, und darauf, daß gleich etwas von ihm, dem Sender, für ihn, den Empfänger, kommt.

2. **YOU!**

    Dem anderen Menschen, dem Empfänger, wird bewußt (gemacht), daß es dem Sender um ihn, den Empfänger, als Mitmenschen geht.

3. **WHY?**

    Dem anderen Menschen, dem Empfänger, wird bewußt (gemacht), daß und warum ihm das, was ihm anschließend übermittelt wird, Nutzen bringen wird. Es werden bei ihm Beweggründe und somit Energien aktiviert, sich dem Sender und der Sache aufgeschlossen und aufnahmebereit zuzuwenden und die Sache zu verarbeiten.

4. **WHAT (TO DO)?**

    Dem anderen Menschen, dem Empfänger, wird die Sache (die Information, die Ansicht, das Anliegen usw.) vom Sender so dargestellt, daß er, der Empfänger, sie verarbeiten und nutzen und deshalb für sich positiv verwerten kann.

5. **NOW (DO IT)!**

    Der andere Mensch, der Empfänger, wird vom Sender nochmals abschließend angestoßen, die vermittelte Sache im angestrebten Sinne zu nutzen.

✍ Ein Patentrezept für eine Redestruktur?

*Tell the people, what you want to tell them.
Then tell them.
Then tell them, what you told them.*[1]

Dieses Rezept aus den USA ist zwar oft, insbesondere fürs Reden aus dem Stegreif, recht wirksam; ein Patentrezept ist es nicht, denn: Für die Struktur einer Rede, aus welchem Anlaß und mit welchen Zweck auch immer, gibt es kein Patentrezept. So hilfreich bewährte Muster im Einzelfall, sogar im Regelfall sein können; letztlich kommt es darauf an, wie die jeweiligen Umstände und wie die Möglichkeiten in persönlicher, in sachlicher, in technischer und in sonstiger Hinsicht sind. Redestruktur-Muster/-Modelle können und sollten als Orientierungshilfe genutzt, nicht als Dogma (starrer Lehrsatz) betrachtet und nicht ohne weiteres übernommen werden.

Dennoch: Besonders für den ungeübten Redner ist es oft zweckmäßiger, eine modellhafte Redestruktur anzuwenden, als unnötig zu experimentieren oder gar planlos vorzugehen. Und schließlich eine grundsätzliche Empfehlung: Für die Planung, Vorbereitung und Durchführung einer Rede ist es meistens hilfreich und wirkungsvoll, die Strukturelemente des **AIDA**-Modells mit einem anderen Modell zu kombinieren, z.B. für eine

- **Informationsrede** mit den fünf Elementen
  Thema - Überblick - Einstieg -
  Sachinformation - Abschluß;

- **Überzeugungsrede** mit dem
  - Fünf-Satz nach Wittsack: **"ISSO"** oder dem
  - dialektischen Fünf-Satz **"Pro und Contra"**.

Alles Vorstehende gilt grundsätzlich auch für die sogenannte **Gelegenheitsrede**: die Rahmenrede und die (Fest-)Ansprache (Geburtstag, Betriebsfest, Jubiläum usw.).

---

[1] Sage den Menschen, was Du ihnen sagen willst. Dann sage es ihnen. Danach sage ihnen, was Du ihnen zuvor gesagt hast.

Gut ank☺mmen.
Gewinnbringend kommunizieren.
Verstehen, um verstanden zu werden.

V.

Wann rede ich wohltuend?

Rhetorik,
Redekunst zur richtigen Gelegenheit.

Die Gunst zu einer Gelegenheitsrede nutzen.

Reden werden meist nach ihrem grundsätzlichen Zweck in drei Kategorien eingeordnet: in **Informations-, Überzeugungs-** und **Gelegenheitsreden.** Letztere werden oft auch als Gesellschaftsreden bezeichnet. Unter Gelegenheitsreden werden alle Reden erfaßt, deren hauptsächlicher Anlaß und Zweck nicht das Informieren oder das Überzeugen ist, insbesondere die

- **Rahmenreden**, mit der z.B. eine Veranstaltung eröffnet oder geschlossen wird oder Veranstaltungsabschnitte verbunden werden (Überleitungen),
- **Reden, die Menschen ehren** oder würdigen sollen,
    - z.B. beim **Feiern** eines Geburtstags, einer Hochzeit, einer Taufe, eines Jubiläums, eines Erfolgs, wie eine bestandene Prüfung oder eine Beförderung oder eine herausragende Leistung im beruflichen oder privaten Bereich, die sogenannte **Laudatio (**Lobrede),
    - die **Begrüßung** von besonderen Gästen: Besucher oder ehemalige Mitarbeiter eines Betriebes, ehemalige Mitglieder eines Vereins, von besonders weit her angereiste Anwesende, die anwesenden Damen (Damenrede) usw.,
    - anläßlich einer **Verabschiedung** (Arbeitsplatzwechsel, Eintritt in den Ruhestand usw.) oder eines **Gedenken**s (Trauerrede usw.),
- **Reden zu anderen besonderen Ereignissen** wie
    - zur Einführung einer Person in einen Betrieb, in eine Abteilung, in ein Kollegium usw.,
    - zu einem Betriebsfest/-ausflug,
    - zum Beginn oder Abschluß einer gemeinschaftlichen Handlung, z.B. einer Gruppenreise, eines Lehrgangs, einer Schul-/Lehrzeit,
    - zu einem Ehemaligentreffen von Schulklassen, Kommilitonen, Ruheständlern usw.,
    - einer Einweihung, Grundsteinlegung usw.,
    - zu Jahres-/Gedenktagen.

✍ Eine Gelegenheitsrede, keine Verlegenheitsrede!

"Die Gesellschaftrede ist die leichteste Form der Ansprache, weil sie ausschließlich das Gefühl anspricht". Dieser Einschätzung von Willfred Hartig kann entschieden widersprochen werden. Das Gegenteil ist eher zutreffend: Weil die Gelegenheitsrede und darunter insbesondere die Rede zu Ehren von Personen, die Laudatio, in einer gesellschaftlichen Veranstaltung nahezu ausschließlich zwischenmenschliche Beziehungen, bewußt und unbewußt persönliche Gefühle offenbart, anspricht und auslöst, ist eine solche Rede schwierig.

Die Gelegenheitsrede muß in jeder Hinsicht wohlbedacht sein. Zum einen sind derartige Reden in Stimmungslagen zu halten, die bei den Anwesenden nicht immer einheitlich und nicht immer eindeutig sind; zum anderen werden die Anwesenden vom Redner bewußt und unbewußt sehr persönlich und bei ihnen oft unterschiedliche Einstellungen, Beziehungen und Verhaltensweisen angesprochen.

Vordergründig geht es bei solchen Reden oft nur um eine zu ehrende Person, z.B. beim Geburtstag oder Jubiläum, oder um wenige der anwesenden Personen, z.B. um ein Hochzeitspaar oder eine im Wettbewerb erfolgreiche Gruppe. Alle anderen Anwesenden erleben aber die Rede in mittelbarer, positiver bis negativer Betroffenheit mit. Besonders schwierig ist diese Situation dann, wenn der Redner in einer hierarchisch über- oder untergeordneten Position zu dem oder den zu Ehrenden oder zu anderen Anwesenden steht. Eine weitere Belastung kann darin bestehen, daß die Rede anschließend dokumentiert und veröffentlicht wird, also nachvollziehbar wird durch Außenstehende oder später nochmals von den Anwesenden, aber unter anderen Rahmenbedingungen.

Es ist somit bei der Vorbereitung und Durchführung einer Gelegenheitsrede sehr sorgfältig vorzugehen, damit durch die Rede zu einer besonderen Gelegenheit niemand in Verlegenheit kommt, insbesondere auch der Redner nicht.

Wichtig ist die Zeit: der Zeitpunkt, die Zeitdauer.

Für die Planung einer Gelegenheitsrede sind neben dem Anlaß und den anwesenden Menschen der Veranstaltungsrahmen und -ablauf wichtig. Beides ist oft vorgegeben. Wird die Veranstaltung ausschließlich aus Reden bestehen, so kommt es sehr darauf an, welchen Zwecken jede einzelne Rede dienen sollen, welche Position und welcher Zeitrahmen ihr eingeräumt wird. Also ist u.a. zu klären:

- Handelt es sich um eine einzige Rede, und ist sie allein der Veranstaltungsinhalt, so daß sie den gesamten vorgesehenen Zeitrahmen ausfüllen soll? (In diesem Fall wird aus der Gelegenheitsrede schon eher ein Vortrag, der lediglich einige Passagen zum Anlaß enthält: am Anfang, eventuell zusätzlich am Ende und nur ausnahmsweise zwischendurch.)

- Handelt es sich um eine gleichartige bzw. um eine gleichrangige Rede im Verhältnis zu den anderen vorgesehenen Reden? An welcher Stelle in der Reihen- bzw. Rangfolge aller Reden steht sie? Welche Funktion, welche inhaltlichen Schwerpunkte haben die jeweiligen Reden? usw.

Häufig ist im beruflichen und privaten Alltag der Anlaß für eine Gelegenheitsrede eine Feier oder eine ähnliche Ver-anstaltung, bei der die Rede nur einen geringen Teil an Zeit in Anspruch nehmen soll. Die Rede soll Ansprache in dem Sinne sein, daß etwas oder eine und ggf. die im Person bzw. Gruppe angesprochen wird, und zwar kurz. Davor oder danach sollen andere Aktivitäten im Vordergrund stehen. Das erfordert von jeder Rede zu derartigen Gelegenheiten:

Ansprachen müssen kurz sein.

Die folgende Faustregel hilft:

5 Minuten mindestens sollten es fast **immer** sein;

10 Minuten können es **in der Regel** sein;

15 Minuten dürfen **nicht** überschritten werden.

✎ Nicht einmal 5 Minuten: Das ist zu wenig.

Immer wieder hören wir den Satz: "Hast Du mal fünf Minuten Zeit für mich?" Wir hören oder empfinden wir ihn auch als Vorwurf: "Hast Du **nicht** einmal fünf Minuten Zeit für mich?"

Wer, für die meisten Menschen selten genug, im Mittelpunkt steht, weil er der Anlaß für das Beisammensein, ist, der wünscht sich bewußt oder unbewußt tatsächlich als Mittelpunkt beachtet und gewürdigt zu werden. Dazu zählt, daß diejenigen, die Ansprachen halten, so reden, daß es alle Anwesenden und besonders jede Hauptperson als würdigend, ehrenvoll und angemessen empfindet. Dies gilt allein schon für den zeitlichen Umfang jeder Rede. Wenn der Eindruck entsteht, wenn er gar bewußt zum Ausdruck gebracht wird, daß nicht viel oder gar so wenig wie nichts gesagt werden soll, dann fühlt sich jeder Hauptbetroffene also eine nichtswürdige Person, zu der bzw. über kaum Nennenswertes, weil eben nur sehr wenig zu sagen ist, nicht nur aus der Sicht des Redners und sondern vor den Augen der anderen Anwesenden.

Letzeres verärgert, ja schmerzt oft besonders. Zugleich, besteht die Gefahr, daß sich die anderen Anwesenden unbewußt skeptisch fragen: Wenn der Redner, den Menschen, über den er heute redet, derart nichtssagend und dadurch herabwürdigend behandelt, wie wird er bei entsprechendem Anlaß wohl mich sehen und würdigen. So entsteht Mitgefühl und Solidarität mit der zu würdigenden Person und zugleich eine Distanzierung vom oder gar Gegnerschaft zum Redner. Eine solche Situation kann insbesondere im beruflichen erhebliche negative Folgen haben wird, vor allem dann, wenn der Redner in der Hierarchie höher steht als die (meisten) Anwesenden.

Es kann deshalb gar nicht oft genug betont werden:

Ansprachen zu Ehren von Personen
sollen zwar kurz, dürfen aber nicht zu kurz sein.
Sie müssen grundsätzlich **mindestens 5 Minuten** dauern!

Wer nicht gelobt wird, fühlt sich oft bereits getadelt.

Für grundsätzlich jeden Menschen ist es wichtig, vom Mitmenschen anerkannt zu werden; denn jeder Mensch sucht den Wert seines Lebens und braucht Liebe. "Loben" steht in engem Zusammenhang mit "Leben" und "Liebe": Jeder Mensch braucht Lob als Liebe zum Leben. Weil der Mensch die Beachtung seines Seins und Tuns, die Anerkennung seiner Leistung benötigt, empfindet er einen Mangel an Beachtung, erst recht das anhaltende Ausbleiben von Anerkennung, als Tadel: Es genügt also nicht, nicht zu tadeln; es bedarf des ausdrücklichen Lobes, so oft wie möglich, in welcher Form auch immer. Für *"Die Kunst des Lobens"* stellt Vera F. Birkenbihl[1] neun Regeln auf:

1. *Das Lob hat Kontrollfunktion.*
2. *Jede zustimmende Äußerung wird zum Lob.*
3. *Abwesenheit vom Lob wird im Zweifelsfall als Tadel gewertet.*
4. *Wann immer etwas noch nicht sehr gut sein kann, ist das Lob besonders wichtig, damit man nicht unnötig zu zweifeln beginnt.*
5. *Wenn man Lob erwartet, aber keines erhält, wird man verunsichert. Aber auch umgekehrt: Wenn man erwartet, daß der andere Tadel oder Abfälligkeit äußert, der andere aber lobt, dann verunsichert oder verärgert gar auch solches Verhalten.*
6. *Ehrliche Empfindungen, vor allem positive, sollte man auch sagen.*
7. *Der Tonfall entspricht der inneren Überzeugung. Wenn diese positiv ist, dann muß man sich keine Sorgen über einen aggressiven Tonfall mehr machen.*
8. *Jedesmal, wenn man den anderen mit Namen anspricht, wird damit ein kleines indirektes Lob verteilt.*
9. *Auch Fragen wirken oft wie ein indirektes Lob.*

    Hinzuzufügen, weil ganz wichtig, ist:
10. Jeder ausgesprochene Dank tut gut, denn er wird als Lob, als Anerkennung empfunden.

[1] Birkenbihl, Vera F.: Die Kunst des Lobens. 2.Aufl., Bonn 1992

✍ **Die Laudatio, eine Rede voll des Lobes.**

Eine ehrende Rede soll reich sein an ehrenden Worten; eine Lobrede soll voll des Lobes sein. Michael Birkenbihl entwickelte ein **Schema für eine Laudatio** in der Arbeitswelt, das variiert aber auch für ähnliche Gelegenheiten genutzt werden kann.

Als Ausgangsbasis wählt Birkenbihl die **Lebensaufgaben**, die der Mensch laut Alfred Adler, einem österreichischen Psychologen, zu bewältigen hat:

1. Der Mensch muß sich in der **Arbeitswelt**, in seinem beruflichen Umfeld zurechtfinden.

2. Der Mensch muß das Problem **Liebe** bewältigen, d.h., befriedigende, vertrauensvolle, harmonische Beziehungen zu anderen Menschen eingehen und pflegen.

3. Der Mensch muß sich in der **Gemeinschaft und Gesellschaft** zurechtfinden und für die Gemeinschaft und Gesellschaft etwas tun.

4. Je mehr der Mensch alle drei Bereiche erfüllt, und zwar möglichst ausgewogen, desto mehr wird er zum **Lebenskünstler**: Der Mensch gestaltet sein Leben bewußt, entfaltet möglichst viele seiner Fähigkeiten, seine Individualität und seine Persönlichkeit.

In der Laudatio werden die Aspekte hervorgehoben, deren Erfüllung der zu ehrenden Person besonders gut gelungen ist. Die Lebensaufgaben, die nicht positiv gelungen erscheinen, bleiben in der Rede unerwähnt. Denn:

Eine Laudatio soll ehrlich sein, nicht durch Übertreibungen, aber auch nicht durch Tadel an- oder gar abstoßen. Deshalb gilt sinngemäß nicht nur für Reden zum Abschied, insbesondere aber für Trauerreden:

De mortuis nihil nisi bene.
Über Tote sagt man nichts, wenn nicht Gutes.

Vergangenheit - Gegenwart - Zukunft.

In diese drei Abschnitte ist der Weg jedes Menschen unterteilt, wo immer er im Leben steht. Diese Dreiteilung bietet sich als eine sehr praktikable Struktur für Reden zu Ehren von Personen an, ergänzt durch eine anregende, ansprechende Begrüßung und einen wohltuenden Schluß. Aber auch für andere Gelegenheitsreden ist eine solche Redestruktur geeignet. Zu recherchieren, zu präparieren und zu präsentieren sind nur die Antworten auf die drei Fragen:

Was war? - Was ist? - Was soll, was wird sein?

Gut geeignet für eine ehrende Rede ist auch die folgende, etwas differenziertere Struktur:

1. Anregende Begrüßung und Einstimmung,
2. Nennung des Anlasses für die Rede,
3. Darstellung
   a) markanter Ereignisse im Lebenslauf,
   b) von Wesenszügen mit Hervorhebung von positiven Eigenschaften ("gute Seiten"),
   c) der Bedeutung der zu ehrenden Person,
   d) von Leistungen, ggf. Dank,
4. Hoffnungen und Wünsche für die Zukunft,
5. Herzhaft(end)er Abschluß.

Maria von Harpe[1] empfiehlt für Gelegenheitsreden zum einen eine **allgemeine Faustregel**:

Grüßen - Danken - Loben - Hoffen - Wünschen.

Zum anderen bietet sie speziell für Gratulationsreden folgende Struktur an:

1. Humorvoller Einstieg
2. Kurze Vita (Lebensbeschreibung)
3. Historische Kulisse
4. Konkrete Episode
5. Ehrungen und Leistungen
6. Jetzt und ggf. Familie
7. Zukunft
8. Dank und Gratulation
9. Ggf. Überreichen des Geschenkes
10. Humorvoller Abschluß.

[1] von Harpe, Maria: Rhetorik; Münster/Westfalen 1992

Am Ende der Rede ein Toast: Es möge nützen, Prost!

Im Berufsleben ist das Gelingen von Ansprachen wichtig. Vor allem von Vorgesetzten wird dabei Professionalität und Humanität, Achtung und Angemessenheit, Freundlichkeit und Ernsthaftigkeit erwartet. Eine dahin geredete, nichtssagende, aus dem Ärmel geschüttelte Rede wirkt respektlos; sie läßt die geforderte Ehrerbietung vermissen. Gelegenheitsreden sind im beruflichen Bereich eine Chance, positiv zu wirken, das Klima zu pflegen und zu motivieren in Bezug auf sich selbst und auf die Gemeinschaft. Gelegenheitsreden sind aber auch ein Risiko. Eine mißlungene Ansprache verursacht häufig negative Wirkungen oft weit über den Zeitpunkt und den Anlaß der Rede hinaus.

Die Entscheidung für eine angemessene Redestruktur ist eine wesentliche Voraussetzung für positive Wirkungen. Die Ratschläge zahlreicher Autoren und Trainer sollten genutzt werden, um für sich selbst als Redner, für den Anlaß und die anzusprechende(n) Person(en) die zielwirksame Redc zu entwickeln. Es gibt dafür zwar keine Patentrezepte, aber erprobte Regeln und Beispiele sind als Anregungen und Orientierungshilfen verwertbar. Musterreden, wie sie von manchen Autoren angeboten werden, sind nur selten unverändert anwendbar. Ihnen fehlt die in der Regel un-erläßliche Individualität und der persönliche Touch. Mu-sterreden können allerdings gut als Grundlage für die Ge-staltung einer eigenen Rede dienen.

Bei Gelegenheitsreden kommt es noch mehr als bei vielen anderen Reden auf den Schluß an; denn in der Regel folgen dem Schluß der Ansprache weitere feierliche Ereignisse. Nicht selten warten die Anwesenden deshalb geradezu auf den Schluß, meist nicht wegen Ablehnung der Rede oder des Redenden, sondern in froher Erwartung des anschliessenden Geschehens. In solchen Fällen soll das Ende einer Ansprache nicht nur einen krönenden Abschluß haben, sondern zugleich als Auftakt, als Einstimmung, wirken, also als Toast in dem Sinne:

Es möge nützen, zum Wohle: Prost!

Weitere Modelle und andere Anregungen für Gelegenheitsreden aus betrieblichem Anlaß.

Maria von Harpe zur *"Einführung eines neuen Mitarbeiters:*
- *bisherige Situation schildern;*
- *den neuen Mitarbeiter begrüßen, kurz vorstellen;*
- *dessen Aufgaben und Kompetenzen betonen;*
- *'sich hinter den Neuen stellen', ggf. Paten nennen;*
- *die Gruppe vorstellen, Bedeutung der Abteilung erklären;*
- *Aufforderung zur Zusammenarbeit."*

Susanne Motamedi *"zu einem gesellschaftlichen Anlaß, z.B. bei einem Dienstjubiläum oder einer Beförderung:*
1. *Begrüßung der Gäste*
2. *Besondere Begrüßung der Hauptperson(en) und ggf. der Ehrengäste*
3. *Dank für das Erscheinen/für die Einladung*
4. *Anlaß (Sinn/Zweck) des Zusammenseins (Rückblick und/oder Ausblick)*
5. *Dank für geleistete Arbeit und ggf. Übergabe der Anerkennung*
6. *Abschluß."*

Willfred Hartig, der im übrigen den gleichen Aufbau wie Motamedi empfiehlt, fügt vor dem "Abschluß" noch einen Abschnitt *"Ausblick"* ein.

Maria von Harpe empfiehlt speziell für Reden zur *"Pensionierung (Eintritt in den Ruhestand):*
- *Keine Trauerrede halten, als sei das Leben zu Ende;*
- *30 % Vergangenheit, 70 % Gegenwart und Zukunft;*
- *mindestens eine typische Episode aus der Vergangenheit des Pensionärs erzählen;*
- *Hinweis, daß der Pensionär noch gebraucht wird, Ausblick auf dessen künftige Vorhaben;*
- *auch die anderen Anwesenden ansprechen, ggf. besonders die Familienmitglieder;*
- *Dank und ggf. Geschenk übergeben;*
- *Ausblick (für alle)."*

Festreden, nicht: "Sich-fest-Reden"!

Einige weitere wichtige Ratschläge für Festreden, insbesondere für Reden zu Ehren einer Person:

Sie müssen zur ehrenden Rede legitimiert sein, sonst lassen Sie es besser. (Maria von Harpe)

*Sie müssen **Ihre** Rede halten, keine Standardrede von anderen, und diese auf den zu Ehrenden ganz persönlich zuschneiden.* (Maria von Harpe)

Je kürzer und prägnanter die Rede, desto besser. Jeder Satz muß sitzen. (Heinz Lemmermann)

Greifen Sie einen aus vielen möglichen Punkten heraus, den Sie dann näher ausführen. (Heinz Lemmermann)

Für eine gute Gesellschaftsrede genügen 1,5 eigene Gedanken. (Gudrun Fey/Heinrich Fey)

Der Redner hat die Aufgabe, die Stimmung und Gefühle der Hauptperson(en) und der anderen anwesenden Gäste aufzuspüren und so in Worte zu fassen, daß alle ihre Gedanken in der Rede wiedererkennen. (Susanne Motamedi)

Schaffen Sie bei sich Betroffenheit, dann wird Ihnen das auch bei den Zuhörern gelingen. (Fey/Fey)

Die Festrede ist besonders eindringlich, wenn sie einen Hauch von Poesie besitzt. (Heinz Lemmermann) Aber: *Drücken Sie tiefe Empfindungen schlicht aus.* (Maria von Harpe)

Die Festrede ist eine gefühlsbetonte Ansprache, die sich auf die jeweilige festliche Gelegenheit bezieht und die feierliche Stimmung verstärken soll. Sie soll die Herzen erwärmen. (Heinz Lemmermann)

Sie können auch 'die Welt verbessern', indem Sie durch wenige freundliche Worte einen begrenzen Raum und eine begrenzte Anzahl von Menschen heiterer, fröhlicher, heller machen. (Gudrun Fey/Heinrich Fey)

Rahmenreden sind Diener!

Unter Rahmenreden sind solche Reden zu verstehen, die nicht selbst im Mittelpunkt einer Veranstaltung stehen, sondern mit ihnen werden Veranstaltungen eröffnet, geschlossen oder mehrere Veranstaltungsteile überbrückt.

Rahmenreden sind jedoch in ihrer Bedeutung nicht zu unterschätzen; von ihnen hängt mitentscheidend ab, welche Wirkungen die Veranstaltung insgesamt erzielt. Gute Rahmenreden sorgen für eine förderliche Atmosphäre, wecken Aufmerksamkeit und motivieren alle Beteiligten. Sie stimmen ein, lassen ausklingen und nachwirken. Dazu Susanne Motamedi: *"Wenn Sie ein Bild rahmen lassen, dann achten Sie darauf, daß der Rahmen das Bild nicht dominiert und so dessen Wirkung schwächt. Genau die gleiche Aufgabe hat die Rahmenrede. Sie bietet den geeigneten Hintergrund, um das eigentliche Kunstwerk wirken zu lassen."*

Schlechte Rahmenreden können den Erfolg einzelner Teile einer Veranstaltung vorübergehend oder anhaltend negativ beeinträchtigen oder sogar eine Ursache für das Mißlingen der gesamten Veranstaltung sein. Die Rahmenrede soll auch deshalb stets kurz und ohne Floskeln, Platitüden, Stereotype, Lobhudeleien, Überschwenglichkeit sein. Überhaupt soll sie sich Wertungen im vor- und nachherein enthalten; die Zuhörer treffen so oder so ihr eigenes Urteil. Die Rahmenrede soll durchaus Aufmerksamkeit, Wohlwollen und Neugierde wecken; sie soll jedoch Inhalte und Positionen in der Regel nicht vorwegnehmen. Es ist grundsätzlich nicht die Aufgabe einer Rahmenrede, Zusammenfassungen vorzunehmen oder ein Fazit zu ziehen. Eröffnende Rahmenreden dürfen durchaus für Spannung sorgen, überbrückende sollen zuerst entspannend wirken, bevor sie für die Fortsetzung neue Spannung aufbauen.

Eine Rahmenrede muß dem Anlaß, dem jeweiligen Thema, den Akteuren, dem Publikum, dem Milieu, der Atmosphäre, den Gepflogenheiten angemessen sein. Die Rahmenrede muß dem, worum es eigentlich geht, dienen.

📣 **Rahmenreden rahmen ein und überbrücken.**

1. Mit einer Rahmenrede wird eröffnet und eingeleitet:
   - **Begrüßung** aller Anwesenden,
     ggf. unter maßvoller Hervorhebung einzelner Personen aus besonderem Anlaß, z.B. Ehrengäste; erforderlichenfalls sich selbst vorstellen;
   - mit **Dank** an alle Anwesenden für ihr Erscheinen und ggf. an den Veranstalter/ die Organisatoren;
   - **Anlaß**/Ziel/Thema (Themen) der Veranstaltung;
   - **Überblick** über den Veranstaltungsablauf,
     ggf. Hinweis auf Pausen und die Dauer (vorgesehene Zeit für das Veranstaltungsende);
   - **Ankündigung** des folgenden Programmpunktes,
     ggf. mit Vorstellung der Rednerin, des Redners.

2. Die Rahmenrede verbindet Veranstaltungsteile:
   - **Rückblick** auf Vorangegangenes, sehr kurz mit Dank;
   - **Pausenhinweise**, dabei Dauer, besser noch Uhrzeit des Wiederbeginns genau und deutlich;
   - **Überleitung** zum nächsten Programmpunkt;

3. Mit der Rahmenrede wird die Veranstaltung beendet:
   - **Rückblick**, sehr kurz, auf den letzten Programmteil und auf die gesamte Veranstaltung;
   - **Worte des Dankes** an alle Mitwirkenden, auch an die "hinter den Kulissen";
   - **Hinweise** auf anschließende oder spätere weitere Veranstaltungen (umfangreiche Ankündigungen besser schriftlich);
   - Hinweis auf evtl. anschließenden informellen Teil;
   - **Technische Hinweise** (z.B. auf Auslagen, Informations-, Foto- oder Verkaufsstände, auf Transportmittel wie Taxi, Bus usw., evtl. mit Abfahrtzeiten);
   - **Verabschiedung** aller mit guten Wünschen, evtl. mit nochmaligem Dank und "Auf Wiedersehen".

Bei jeder möglichen Gelegenheit: DANKE!

Für eine Dankesrede, für ein Danke in der Rede oder für die Dankesworte für eine Rede gilt gleichermaßen:
- Jedes Danke ist eine wohltuende, bestätigende, befriedigende und ermunternde Anerkennung.
- Ehrlicher Dank stärkt denjenigen, dem gedankt wird, und zugleich das Ansehen desjenigen, der dankt, somit die Beziehung zwischen den Beteiligten.

"Das schönste Kompliment hat fünf Buchstaben: Danke! Viele Leute scheuen sich, Komplimente zu machen. Mit Recht, wenn sie plump, vordergründig oder oberflächlich sind. Gleichzeitig ist uns aber bewußt: Der Mensch lebt nicht vom Brot allein. Jeder braucht Lob und Anerkennung. Der Streßforscher Hans Seyle hat festgestellt, daß dem Menschen noch wichtiger als Macht und Reichtum die Anerkennung seiner Arbeit ist. Nur darauf kommt es ihm im Grunde an. So einfach diese Erkenntnis zu sein scheint, so schwer fällt es doch, andere durch Worte anzuerkennen.
Wer andere kritisiert, verschlechtert seine eigene Situation, wer andere anerkennt, verbessert sie !
*Das schönste und einfachste Kompliment , das man dabei machen kann, ist das kleineWort **DANKE**."*

Die vorstehenden Gedanken von Nikolaus B. Enkelmann[1] sind goldene Wort und sollten in ihrem Wert nicht unterschätzt werden. Aber Achtung: "Allen für alles zu danken", ist zu wenig. Eine Dankeswort, ein Dankesrede muß deutlich werden lassen, wem wofür gedankt wird. Ein pauschaler, floskelhafter Dank wirkt oberflächlich, routinemäßig, substanzlos und deshalb oft äußerst negativ.

Bei Veranstaltungen, bei Feiern, insbesondere im Betrieb, ist ein ausgesprochenes "Ende mit einem herzhaften Danke" besser, als eine Endlosigkeit und die auch noch ohne Dank. Statt unnötige Hemmungen davor zu haben, sollten Mode-ratoren, Gastgeber, Vorgesetzte usw. zum richtigen Zeit-punkt die Vernunft und den Mut zeigen, mit wohlgesetzten Dankesworten den Ausklang "einzuläuten" oder gar zum "Ende" aufzufordern.

[1]Enkelmann, Nikolaus B.: Überzeugen, aber wie? 2. Aufl., Hamburg 1987

Gut ank☺mmen.
Gewinnbringend kommunizieren.
Verstehen, um verstanden zu werden.

VI.

Wie rede ich gut?

Rhetorik:
Grundregeln des guten Redens.

Taktische Rhetorik bedeutet geschicktes Reden.

So sinnvoll und hilfreich es ist, sich für eine Rede oder für ein Gespräch von vornherein eine **Strategie** im Sinne eines genauen Plans (mit Ziel, Weg und Mittel) zurechtzulegen und zu verfolgen, so wichtig es auch ist, für eine Rede oder für ein Gespräch die wirksamen **Techniken** zu beherrschen und anzuwenden; zudem bedarf es auch taktischer Fähigkeiten: Ohne geschicktes, flexibles Agieren und Reagieren auf die jeweilige tatsächliche Situation, auf nicht abschätzbare, unerwartete Ereignisse wird eine Rede oder ein Gespräch oft nicht zielwirksam verlaufen. **Taktik**, taktisches Vorgehen, ist unerläßlich für eine gute Rede und für ein gutes Gespräch. Das setzt entsprechende Kenntnisse und Fähigkeiten voraus.

Etliche Aspekte, die in der Rhetorik vorrangig der Strategie oder der Technik zugeordnet sind, sind auch unter taktischen Gesichtspunkten beachtenswert. Wissen, Erkenntnisse und Handlungsmaximen zur Rhetorik strikt dem einen oder anderen Bereich zuzuordnen, wäre der Komplexität des zwischenmenschlichen Kommunikationsprozesses nicht angemessen. Strategie, Taktik und Technik in der Rhetorik sind miteinander zu verknüpfen; denn die Planungen und die angeeigneten Techniken müssen situationsgerecht variabel gehalten, also mit taktischem Geschick begleitet werden. Zudem, und zwar grundlegend, sollten Strategie, Taktik und Technik von Ethik, von Grundwerten, von Tugend, Sitte und Moral getragen sein.

Für die **Taktik in der Rhetorik** sind vor allem bedeutsam:
- die geistige und technische Flexibilität, insbesondere
- das Denk-Sprechen (oder auch: Sprech-Denken);
- das Schweigen, der Einsatz von Pausen, dabei:
- das aktive und aktivierende Zuhören;
- das stimulierende verbale und nonverbale Signalisieren und Präsentieren;
- das Argumentieren, die Dialektik;
- der Einsatz von Fragen und anderen
- Rückkoppelungs-/Rückmeldemethoden.

☞ **Erst denken, dann sprechen: Denk-Sprechen!**

Wenn auf die Bedeutung der Verbindung von Denken und Sprechen hingewiesen wird, wird in der Regel der Begriff Sprech-Denken verwendet. Denk-Sprechen meint inhaltlich dasselbe, betont aber noch deutlicher:

Zuerst denken, dann sprechen!

So selbstverständlich diese Forderung erscheint, so schwierig ist es, ihr gerecht zu werden. Allzuoft, weil allzuleicht, wird drauflos geredet. Das unbedachte Reden kann unterschiedliche Ursachen haben; hauptsächlich sind es wohl folgende:

- Dem Sender sind die Sache und der Empfänger nicht wichtig; es kommt dem Sender nicht auf ein **Gut ank☺mmen** an.

- Der Sender ist in Routine oder übermäßige Selbstsicherheit verfallen; er meint, bewußt oder unbewußt, daß er dessen, was er zu sagen hat, so sicher sei im Inhalt und in der Ausdrucksweise, daß er darüber nicht erneut nachdenken müsse.

- Der Sender steht so sehr unter Druck, daß es ihm im Moment an Geduld fehlt, seine Worte zu bedenken.

- Beim Sender sind Gefühle, z.B. emotionale Erinnerungen, derart belebt, ist dessen Psyche, z.B. durch Angst, derart berührt, daß er auch sprachlich direkt und spontan reagiert, also nicht mit hinreichender Bedachtsamkeit.

Mit dieser Aufzählung von Ursachen werden Gefahren deutlich, in denen sich der Mensch als Sender in der zwischenmenschlichen Kommunikation befindet während seiner Rede und in einem Gespräch. Die *"Verfertigung der Gedanken beim Reden"*, wie es beispielsweise Heinrich von Kleist auf seine Weise klassisch beschreibt, also das Denk-Sprechen, ist von elementarer Bedeutung für zielgerechte, nachhaltig wirkungsvolle Kommunikation unter strategischen, taktischen und technischen, vor allem aber unter menschlichen Aspekten.

Die wichtigsten Grundregeln des guten Redens.

Für gutes, d.h., für zielgerechtes, nachhaltig wirkungsvolles Reden vor und mit anderen sind mindestens vier Grundregeln(inhaltsgleich auch Prinzipien genannt) sehr wichtig:

1. Ich spreche **langsam**.
2. Ich mache **kurze Sätze**.
3. Ich schenke **Pausen**.
4. Ich habe **Blickkontakt**.

Die Einhaltung dieser vier Grundregeln rhetorischer Technik ermöglicht dem Sender zu bedenken und zu präparieren, was er senden und wie er es senden will, und es dann mit der Möglichkeit hoher Zielwirksamkeit zu übermitteln. Die Einhaltung dieser vier Prinzipien gibt dem Empfänger eine gute Chance, die Botschaften vollständig anzunehmen und entsprechend der Zielsetzung zu verarbeiten. Darüber hinaus gilt es für jeden Sender, seinen persönlichen größten Mangel beim Reden zu beseitigen; denn die meisten Menschen haben eine über die vorgenannten vier Grundregeln hinaus Schwächen oder negative Angewohnheiten.

Weitere Grundregeln sind z.B.:

- Ich spreche **deutlich** - in Aussprache und Wortwahl.
- Ich spreche **lebendig**, d.h. melodisch und betont.
- Ich **schließe** in Sprechpausen den **Mund** und vermeide so u.a. Verlegenheitslaute wie "ääh".
- Ich **senke** am Satzende meine **Stimme**.

Damit ist längst nicht alles aufgeführt, was der Sender an rhetorisch-technischen Störungen verursachen kann. Und es ist einem Menschen kaum möglich alle technischen Mängel gleichzeitig und gleichermaßen bewußt zu vermeiden. Aber durch Willen und Training lassen sich diese Störungsursachen oft verhindern, zumindest verringern ... nicht immer, aber immer öfter.

Wichtig ist, daß der Sender erkennt, welche Grundregeln in welcher Situation besonders wichtig sind, und sich auf deren Beachtung einstellt und konzentriert.

📢 1. Rede-Prinzip: Ich spreche langsam.

Im alltäglichen Gespräch, wenn nicht bewußt eine Rede gehalten wird, sprechen Menschen in unserem Sprachraum ungefähr 150 bis 200 Wörter pro Minute, also etwa zwei bis drei Wörter pro Sekunde, manchmal, besonders im Erregungszustand, sogar mehr. Das ist für eine Rede oder in einem schwierigeren Gespräch sehr schnell, meist erheblich zu schnell für den Sender und für den Empfänger. Die Sprechgeschwindigkeit muß

- der jeweiligen Denk- und Handlungsgeschwindigkeit des Senders <u>und</u> zugleich des Empfängers sowie
- den jeweiligen Bedingungen (sachlich/technisch)

angepaßt sein. Der Sender muß genügend Zeit haben, den Inhalt seiner Worte und deren Aussprache zu bedenken, die Reaktionen des Empfängers wahrzunehmen, diese mit seinen Absichten abzustimmen und daraufhin beim weiteren Reden verbal und nonverbal und in seinen übrigen Handlungen, z.B. durch Visualisierungen, zu berücksichtigen. Die Einstellung des Empfängers, seine sachlichen und sprachlichen Vorkenntnisse, seine Aufnahme- und Verarbeitungsfähigkeit, dabei auch seine physische und psychische Verfassung, sind ebenfalls zu beachten. Für das Redetempo sind schließlich äußere Einflüsse, z.B. Ablenkungen, Akustik (Raum-, Mikrofon-/Lautsprecherklang), Lärm- und Lichtbeeinträchtigungen (insbesondere bei ergänzenden visuellen Präsentationen) bedeutsam.

"Haben Sie Mut, übertrieben langsam zu sprechen."
ermuntert Peter S. Heigl[1]: *"Neun von zehn Menschen sprechen viel zu schnell. Ein Grundsatz der Rhetorik besagt: Wenn selbst man meint, man spräche peinlich und übertrieben langsam, dann ist es annähernd richtig!"*

Ein Sprechtempo zwischen 100 und 120 Wörtern pro Minute ist für Reden, besonders bei schwierigen Inhalten, komplexen Formulierungen und bedeutungsvollen Ausführungen meist angemessen; dies erst recht in schwierigen Gesprächen. Dabei soll das Tempo nicht gleichmäßig gehalten, sondern bewußt gewechselt werden.

[1] Heigl, Peter S.: Sprechen Sie sicher; Offenbach/Main 1991

2. Rede-Prinzip: Ich mache kurze Sätze.

Kurt Tucholsky drückt es in seinen *"Ratschlägen für den guten Redner"* unnachahmlich kurz aus:

"Hauptsätze. Hauptsätze. Hauptsätze."

Kurze Sätze erleichtern dem Sender, seine Gedanken überschaubar, vorstellbar, begreifbar, erfaßbar vorzuformulieren und zu übermitteln. Kurze Sätze erleichtern es dem Empfänger nicht nur den Text, sondern gleichzeitig die Begleitsignale anzunehmen und zielgerecht, nachhaltig wirkungsvoll zu verarbeiten. Für die Kommunikation bezeichnen Vollmer/Hoberg[1] *"als Faustregel für das Verhältnis zwischen Satzlänge und Verständlichkeit:*

1 - 13 Wörter je Satz: sehr leicht verständlich,
14 - 19 Wörter je Satz: leicht verständlich,
20 - 25 Wörter je Satz: verständlich,
26 - 34 Wörter je Satz: schwer verständlich,
mehr   Wörter je Satz: sehr schwer verständlich."

In einer Rede sollte jeder Satz grundsätzlich nicht mehr als 19 Wörter enthalten, selten mehr, höchstens aber 25 Wörter. Ein Satz ist ein Denkinhalt für sich; deshalb möglichst

- je Satz nur einen Gedanken, nur eine Tatsache,
- je Satz nur eine Personen, Zeit- oder Ortsangabe.

Beim Hören der Worte soll der Empfänger den Denkinhalt leicht annehmen und verarbeiten können; deshalb möglichst

- einfache, überschaubare Satzkonstruktionen mit
- einer dem Gedankengang logischen Wortfolge in
- einem engen Satzrahmen, d.h. Subjekt (Satzgegenstand) und Prädikat (Satzaussage) nahe beieinander,
- ohne eingeschobene Nebensätze und
- selten mit Nebensätzen.

Schwierig für den Sender zu bearbeiten, für den Empfänger zu verarbeiten und deshalb möglichst vermieden werden sollten Partizipien (Mittelworte), passive Verben (Tätigkeitsworte in Leidensform), zusammengesetzte Wörter. Fremdwörter sind nur zu verwenden, wenn unbedingt nötig, und sollten grundsätzlich sogleich erklärt werden.

---

[1] Vollmer,G./Hoberg,G.: Kommunikation: sich besser verständigen - sich besser verstehen; Stuttgart 1994

3. Rede-Prinzip: Ich schenke Pausen.

Pausen sind eine Wohltat für den Sender und für den Empfänger zugleich; sie sind ein Geschenk für jeden Beteiligten. Intelligentes Schweigen ist mehr als ein geflügeltes Wort; denn eine Pause kann sehr beredt sein, eine Pause hat ihre eigene Aussagekraft. Pausen erzielen Wirkungen. Es ist eine Stärke des guten Redners, geeignete Pausen zu machen; denn Pausen vermitteln einen Eindruck von Bedachtsamkeit, innerer Sicherheit, Souveränität und Rücksichtnahme. Pau-sen erhöhen die Überzeugungskraft.

Die Kunst des Redners, Pausen zu machen, liegt darin, genügend Pausen zu machen, sie richtig zu setzen, zu bemessen und zu nutzen. Pausen dürfen auffallen, sollen durchaus bemerkbar sein:

Man muß Pausen hören können!

Pausen sollen jedoch nicht stören; sie sollten nicht allzu häufig, an den falschen Stellen oder überzogen lang gemacht werden:

Pausen sind das Salz in der Suppe einer Rede.

Pausen sollen die Rede würzen, sie aber nicht versalzen. Es gibt viele gute Gründe für Pausen während einer Rede, Gründe für den Sender und für den Empfänger, z.B. Pausen zum Denken, zum Erledigen technischer Vorgänge, zum Einwirken, zum Verarbeiten, zum Rückkoppeln (Feedback), zum Atmen, zur Entspannung und zur Erholung. Deshalb:

Mut zu Pausen!
Keine Angst vor Pausen!

Es entstehen auch ungewollt Pausen, z.B. durch Störungen, durch technische Fehler oder weil dem Redner der Faden verlorengegangen ist. Das kommt vor; das ist natürlich und normal. Damit muß und kann sich jeder der Beteiligten arrangieren.

Übrigens: Bevor die ersten Worte gesagt werden und nachdem die letzten Worte gesagt sind, macht der gute Redner Pausen, Wirkungspausen.

Mach mal Pause: kurz, lang, länger.

Wie lang die einzelne Pause in einer Rede dauern soll, kommt auf den jeweiligen Zweck einer Pause und auf die Begleitumstände an. Grundsätzlich sollte mit vier verschiedenen Pausenlängen disponiert werden:

1. die **kurze** Pause mit einer Dauer von etwa einer halben Sekunde, nämlich so lang, wie man das Wort "Pause" spricht;
2. die **mittellange** Pause mit einer Dauer von knapp einer Sekunde, nämlich so lang, wie man die Worte "Punkt-Pause" spricht;
3. die **lange** Pause mit einer Dauer von gut einer bis eineinhalb Sekunden, nämlich so lang, wie man die Worte "Doppel-Punkt-Pause" spricht;
4. die **sehr lange** Pause mit einer Dauer von zwei bis drei Sekunden, in Ausnahmefällen darüber hinaus.

Die **kurze** Pause wird innerhalb eines Satzes eingesetzt, insbesondere aus dramaturgischen Gründen: als Wirkungspause vor oder nach wichtigen Worten.

Die **mittellange** Pause wird regelmäßig am Ende eines Satzes, bei längeren, mehrteiligen Sätzen auch nach einem Teilsatz eingesetzt, insbesondere als Denkpause, also als Pause zum Bedenken, was als nächstes werden soll und wie, und als Reaktionspause für den Empfänger, um sein Emp-fangsergebnis herzustellen, zu verarbeiten und widerzu-spiegeln.

Die **lange** Pause wird regelmäßig am Ende eines Absatzes, eines Abschnittes und dort, wo ein Doppelpunkt steht (oder stehen könnte), eingesetzt als eine Ruhepause, die insbesondere auch als Pause zur Erholung, zum Entspannen, zum neuen Sammeln und zum Atemholen genutzt wird.

Die **sehr lange** Pause wird insbesondere am Anfang zum Erreichen der Aufmerksamkeit und am Ende, seltener zwischendurch, zum besonders intensiven Nachwirken eingesetzt.

4. Rede-Prinzip: Ich habe Blickkontakt.

"Schau mir in die Augen, Kleines!"
Die Augen sind das Fenster zur Seele.

Der Blickkontakt ist äußerst wichtig, weil dadurch eine Vielzahl an Botschaften gesendet und empfangen wird und weil auf diesem Wege in erheblichem Maße die zwischenmenschlichen Beziehungen, die Gefühle, hergestellt, ausgetauscht und gepflegt oder zerstört werden. Einerseits bringt Ansehen Ansehen und andererseits können Blicke töten.

**Augenkontakt heißt Augenkontakt,
weil er Kontakt schafft und hält.**

Einen Kontakt, auch einen Blickkontakt, vorübergehend zu unterbrechen, schadet grundsätzlich nicht, ihn abreißen zu lassen, schadet nahezu immer.

Allhoff/Allhoff[1]: *"Blickkontakt fällt vor allem da auf, wo er nicht vorhanden ist.*

Wie wirken Personen mit wenig, zu wenig Blickkontakt? Eine Untersuchung ergab: Personen, die zu 80 % der Zeit beim Sprechen ihren Partner anschauten, wurden u.a. als freundlich, selbstbewußt und natürlich eingeschätzt. Personen, die nur zu 15 % der Zeit beim Sprechen ihren Partner anschauten, wurden dagegen u.a. als kalt, pessimistisch, ausweichend, unterwürfig und gleichgültig eingeschätzt.

Prinzipiell werden Personen mit intensivem Blickkontakt als dominanter, aktiver und selbstbewußter angesehen. Nur bei ungewöhnlich langem Blickkontakt (Anstieren[1]) wird eine störende, weil zu starke Intimität provoziert. Blickkontakt nimmt mit zunehmender Verunsicherung oder auch bei zunehmender Konzentration auf ein zu lösendes Problem immer mehr ab. Doch gerade dann ist das Anschauen der Hörer bzw. Gesprächspartner während des Sprechens not-wendig."

---

[1]Allhoff/Allhoff: Rhetorik & Kommunikation; 10. Aufl., Regensburg 1994
[2]Nach jüngeren Untersuchungen wird ein für mehr als drei Sekunden ununterbrochener Blick in der Regel als unangenehm empfunden; vor etwa dreißig Jahre betrug dieser Zeitraum in der Regel noch fünf Sekunden.

Der Blick: d a s Mittel zum Überzeugen.

Der Mensch richtet seine Augen in der Regel auf die Person und die Ereignisse, die er im Moment als für sich am wichtigsten empfindet. Der Körper folgt dem Blick. Zum anderen empfindet ein Mensch sich von einem anderen grundsätzlich nur dann als angesprochen, wenn sich der andere Mensch ihm zuwendet. Deshalb ist es wichtig, daß der Sender den bzw. die Empfänger bewußt anschaut, bevor die ersten Worte gesprochen werden und im Verlauf der Rede bzw. des Gesprächs immer wieder so, daß dieser Blick bemerkt und aufgenommen werden kann. So

- wird vom Sender Selbstbewußtsein, Kompetenz, Respekt und somit Glaubwürdigkeit und Überzeugungskraft ausgestrahlt;
- wird eine Beziehung, ein Kontakt, eine emotionale Brücke aufgebaut und gesichert;
- werden die verbalen und die übrigen nonverbalen Signale begleitet und verstärkt, vor allem emotional;
- wird dem Empfänger die Aufnahme und das zielgerechte Verarbeiten der Botschaften erleichtert;
- können die Reaktionen des bzw. der Zuhörende wahrgenommen und berücksichtigt werden.

Willfred Hartig[1] betont in diesem Zusammenhang:
"Die moderne Rhetorik verlangt eine sorgfältige Beobachtung des Verhaltens unserer Mitmenschen: Augen-Kontakt. Dies bedeutet, den anderen ansehen:
a) wenn wir sprechen, d.h., der andere muß an unseren Augen erkennen, daß wir überzeugt sind von dem, was wir sagen (= Ausstrahlung);
b) wenn wir sprechen, d.h., ein Ablesen der Reaktionen des anderen ist erforderlich, weil sie eine nonverbale Voraus-Antwort auf unsere Aussage darstellen (=Rückkoppelung);
c) wenn wir zuhören, d.h., der andere muß an unseren Augen erkennen, daß wir aufmerksam zuhören.
Dabei sollten unsere Augen verbindlich und freundlich blicken (= Vertrauens-Erzeugung)."

[1]Hartig/Elertsen: Moderne Rhetorik und Dialogik; 12. Aufl., Heidelberg 1993

✎ Beim Reden zu Gruppen: Kreisende Rundblicke.

Der unerläßliche Augenkontakt ist seitens des Senders zu Empfängern umso schwieriger herzustellen, je größer die Anzahl der Zuhörenden ist und je ungünstiger diese im Verhältnis zum Redner plaziert sind. Soweit es möglich ist, sollte der Redner deshalb auf die Anzahl der Zuhörenden, auf seinen Aktionsbereich im Raum und die Sitzordnung für die Zuhörenden dahingehend Einfluß nehmen, daß Sender und Empfänger einander gut ansehen können. Der Redner muß in die Gesichter sehen. Es kann die Kommunikation erheblich stören, wenn der Redner allzu oft über die Köpfe hinweg den einen oder anderen Punkt im Raum fixiert, wie es von manchen Autoren und Trainern angeraten wird.

Rolf H. Ruhleder warnt vor einer solchen *"Luftraumbeobachtung"* und rät: *"Schauen Sie während der Rede nicht aus Fenstern, auf den Boden oder in die Luft"* und z.B. auch nicht ständig auf ihr Manuskript, auf Schreib- oder Projektionsflächen. Bei kleineren Gruppen (bis ca. 25 Per-sonen) wird ein gelegentlicher Blick, der von links außen die Gruppe entlang nach rechts außen und umgekehrt wandert, die Blicke aller Anwesenden streift und bei dem einen oder anderen kurz verweilt, ausreichen.

Fürs Reden vor größeren Gruppen rät Alfred Thiele[1]: *"Bewährt hat sich in Gruppen der kreisende Rundblick. Hierbei teilen Sie Ihr Publikum gedanklich in drei Kreise ein: einen zentralen, einen linken und einen rechten. Wenn Sie vor die Gruppe treten, suchen Sie zunächst einen guten Standort (in der Mitte, nicht an der Peripherie) und nehmen Blick-kontakt zu einem Zuhörer im zentralen Kreis auf. Warten Sie einige Sekunden, bis Ruhe eingekehrt ist. Dann beginnen Sie zu sprechen, während ihre Augen ruhig und kontrolliert wandern zum linken Kreis, dann zurück zum zentralen und sodann zum rechten usw. Es wirkt persönlicher, wenn Sie dabei einige Sekunden (oder bis Sie einen Gedanken ausformuliert haben) bei einzelnen Zuhörern verweilen. Jeder muß subjektiv den Eindruck haben, daß er wichtig ist und daß ihm Aufmerksamkeit zuteil wird."*

---

[1]Thiele, Alfred: Rhetorik; Wiesbaden 1992

Blickkontakt mit der "3-A-" oder "5-A-Technik".

Der unerläßliche Augenkontakt ist bei einer Rede oder im Gespräch umso schwieriger herzustellen und zu halten, je mehr der Sender während seiner Rede von einem Volltextmanuskript ablesen oder von einem Stichwortmanuskript Worte oder Formulierungen aufnehmen muß. In diesen Fällen ermöglicht die Anwendung der "3-A-Technik", besser noch der "5-A-Technik", das Reden mit Blickkontakt. Beide Techniken sind zu empfehlen und leicht einzuüben.

Die **"3-A-Technik"**, orientiert an Peter R. Heigl:

1. A = **Anschauen**
   und Aufnehmen des nächsten Textteils/ des nächsten Stichwortes vom Manuskript.

2. A = **Aufschauen**
   vom Manuskript und bewußt Blickkontakt mit einem oder mehreren Zuhörenden herstellen; dann erst:

3. A = **Aussprechen**
   des aufgenommenen Textes/der zwischenzeitlich überlegten Formulierungen zu dem aufgenommen Stichwort.

Die **"5-A-Technik"**, orientiert an Willfred Hartig[1]:

1. A = **Aufnahme**-Phase
   (Wortblock im Gedächtnis einprägen)

2. A = **Aufblick**-Phase
   (Augenkontakt herstellen)

3. A = **Aussprech**-Phase
   (Aussprechen des Wortblocks)

4. A = **Ausklang**-Phase
   (Wirkung der Worte beobachten)

5. A = **Abblend**-Phase
   (Abbruch des Augenkontakts)

---

[1] Diese von Hartig für das Reden vom Volltextmanuskript beschriebene Technik eignet sich ebenso beim Stichwortmanuskript.

✏ **Für ein "Happy End": Langsam ausblenden.**

Voraussetzungen für den notwendigen regelmäßigen Blickkontakt zwischen Sender und Empfänger sind u.a. dafür geeignete Sichtverhältnisse, vor allem hinreichende Lichtverhältnisse (Helligkeit, Blendfreiheit usw.) und günstige Plazierungen (Distanzen, Blickwinkel usw.). Werden in dieser Hinsicht Mängel festgestellt, möglichst vor Beginn der Veranstaltung, so sollte ohne Scheu auf deren Beseitigung oder zumindest Minderung hingewirkt werden. Dazu gehört insbesondere, das eigene Aktionsfeld günstig herzurichten (weder Licht noch Sonne sollten während der gesamten Zeit blenden), hinreichende Beleuchtung zum Lesen des Manuskriptes und zum wechselseitigen Anschauen herzustellen und ggf. hinten Sitzende auf vorn freigebliebene Plätze zu bitten.

Am Anfang seiner Rede bzw. des Gesprächs stellt der Sender einen ersten Blickkontakt zu jedem Anwesenden her; er sagt mit den Augen "Guten Tag", bevor er mit Worten begrüßt. Während der Rede bzw. des Gesprächs wird immer wieder erneut Blickkontakt aufgenommen und jeweils für einige Zeit gehalten.

Für das Ende der Rede gilt Ähnliches wie für den Anfang: Nach den letzten Worten wirkt es positiv, wenn möglichst jeder Anwesende noch einmal kurz angesehen und auch auf diesem Weg mit den Augen und in die Augen jedem "Auf Wiedersehen" gesagt wird. Bei einer größeren Gruppe sollte dieses allerdings nur mit einem letzten "Kreisenden Rundblick" geschehen; mehr wirkt leicht überzogen. Erst danach sollte eingepackt und die während der Rede bzw. des Gesprächs eingenommene Position verlassen werden.

Dieses alles am Ende der Rede sollte in ruhiger Weise geschehen. Ein hektisches Verhalten nach den letzten Worten einer Rede oder eines Gesprächs kann unsouverän oder gar diskriminierend und somit verletzend wirken. Es kann der Eindruck entstehen, der Redner bzw. der Gesprächspartner sei allzu erleichtert, es hinter sich gebracht zu haben, oder wende sich schnellstens für ihn wohl Wichtigerem zu.

Sicher reden ist besser, als immer frei zu reden.

Fünf Vortragsweisen sind voneinander zu unterscheiden:

1. Die wörtlich **auswendig** vorgetragene, also die zuerst wörtlich formulierte und dann gelernte Rede.

2. Die vom **Volltextmanuskript** vorgetragene, also zuerst wörtlich formulierte und dann vorgelesene Rede.

3. Die mit **Stichwortmanuskript** frei gehaltene, also an zuvor notierten wichtigen Fakten und Gedanken, Worten und Fragmenten orientierte Rede.

4. Die **völlig frei** gehaltene Rede, ohne jeglichen zuvor schriftlich fixierten Text aus dem **Stegreif** oder mit vorangegangenen gedanklichen Text-Überlegungen.

5. Die aufgrund einer **Kombination** aus teilweise auswendig gelernten Passagen, teilweise Volltextmanuskript und/oder teilweise Stichwortmanuskript und im übrigen frei gehaltene Rede.

Eine allgemeingültige Empfehlung für die eine oder andere Vortragsweise in der einen bzw. anderen Situation zu geben, ist, auch wenn mancher Autor oder Trainer eine solche gibt, unangemessen; denn es kommt sehr auf die jeweilige Situation an, insbesondere auf die Zielsetzungen und deren Bedeutung, auf den Inhalt, auf die Darstellungsmöglich-keiten und -fähigkeiten des Senders, auf die Erwartungen und Aufnahmefähigkeit des Empfängers sowie auf die Rahmenbedingungen. Peter R. Heigl[1] merkt dazu an:

"Unter freiem Reden versteht man heute, daß man mit Hilfe eines wohlvorbereiteten Stichwortzettels sicher und frei spricht. Der Stichwortzettel in der Hand des Redners ist geradezu ein Qualitätsmerkmal geworden."

Außerdem, und das ist wichtig, wird ein Manuskript in der Hand des Redners deshalb positiv empfunden, weil es eine besondere Vorbereitung, ein individuelles Bemühen und somit Respekt vor dem Mitmenschen signalisiert.

---

[1] Heigl, Peter S.: Sprechen Sie sicher; Offenbach/Main 1991

Gut ank☺mmen.
Gewinnbringend kommunizieren.
Verstehen, um verstanden zu werden.

VII.

Wie kommt es zum Verstehen und Erinnern?

Das Gehirn, der biologische Computer des Menschen.

Das Gehirn, biologischer Computer des Menschen.

Die Bedeutung des Gehirns und der Wechselbeziehungen zwischen dem Gehirn und anderen Teilen des menschlichen Körpers für die zwischenmenschliche Kommunikation hervorzuheben, ist das berühmte "Eulen nach Athen tragen"; denn diese Erkenntnis ist allgemein bekannt. Das menschliche Gehirn ist in seiner Organisation und seinen Funktionen derart kompliziert, daß es den Rahmen sprengen würde, darauf im Zusammenhang mit Kommunikation tiefgreifend einzugehen.

Mindestens die folgenden fünf Aspekte zum menschlichen Gehirn sind jedoch für die Kommunikation von grundlegender Bedeutung und deshalb besonders beachtenswert (orientiert an Frederic Vester[1] und an Vera F. Birkenbihl[2]):

1. Die **Grundstruktur des menschlichen Gehirns** und die wichtigsten Funktionen der Gehirnteile;

2. die **(Vor-)Programmierung** von **Grundmustern** und damit auch von **Kommunikationskanälen**;

3. die **Gedächtnisstufen** und somit auch das Erinnern;

4. die **analogen und digitalen Funktionsweisen**;

5. die **Wechselbeziehungen zwischen Kopf und Körper,** zwischen dem Gehirn und anderen Bereichen des menschlichen Körpers.

Neben der Zielorientierung, der positiven Beziehungsgestaltung, der Motivation und der Rhetorik sind die Aspekte der Anschaulichkeit und der Verständlichkeit, der Begreifbarkeit und Merkbarkeit, kurz: der gehirngerechten Präsentation für eine störungsarme bis störungsfreie, zielgerecht nachhaltig wirkungsvolle Kommunikation wichtig, wobei die letztgenannten Aspekte, von Anschaulichkeit bis Merkbarkeit, in engem Kontext mit den zuvor genannten, von Zielorientierung bis insbesondere Rhetorik, zu sehen sind.

---

[1] Vester, Frederic: Denken, Lernen, Vergessen; 24. Aufl., München 1978
[2] Birkenbihl, Vera F.: Stroh im Kopf; 27. Aufl., Speyer 1996

☞ Die Grundstruktur des menschlichen Gehirns.

Für zielgerechtes, nachhaltig wirkungsvolles Kommunizieren, als Sender und als Empfänger, ist die Kenntnis von den Funktionsweisen des Gehirns wichtig, weniger von dessen Struktur. Es ist aber unerläßlich, zumindest die Grundstruktur des menschlichen Gehirns in Teilen zu kennen, um das Funktionieren verstehen und im zwischenmenschlichen Kommunikationsprozeß berücksichtigen zu können.

"Das Denk-Hirn denkt, das Reptil lenkt."

So bringt es Vera F. Birkenbihl für die Kommunikation auf den Kern. Sie verweist dazu, wie z.B. auch Ditko/Engelen[1], auf MacLean, der das menschliche Gehirn als *"triune brain"* (Dreifachhirn" oder auch *"Dreieiniges Gehirn"*) bezeich-nete und der, so Ditko/Engelen, *"mit dieser Charakterisie-rung zum Ausdruck bringen wollte, daß das vollentwickelte menschliche Gehirn eigentlich aus drei Gehirnen besteht, die zwar ineinander verschachtelt sind, die sich jedoch in struktureller und chemischer Hinsicht entscheidend vonein-ander unterscheiden. Man könnte auch sagen, jedes der drei Teile des Gehirns spricht eine eigene Sprache, besitzt eine eigene Intelligenz und verfügt über ein eigenes, spe-zifisches Gedächtnis."*

Es sind, einfach gesagt, die älteren Gehirnteile (Althirn):
- das *"Reptiliengehirn"*, auch Stammhirn oder Hirnstamm genannt, und
- das ältere Säugetiergehirn, das *"Limbische System"*, auch Zwischenhirn oder Riechhirn genannt,
  sowie, ebenfalls vereinfacht, der neuere Gehirnteil,
- das jüngere Säugetiergehirn (Neuhirn, *"Neo-Cortex"*), auch Großhirn(-rinde) oder Denkhirn genannt.

Da das Reptiliengehirn für die Selbst- und Arterhaltung und somit für die allgemeine Aufmerksamkeit zuständig ist und dazu den Hormonhaushalt steuert, ist beim Kommunizieren zu beachten: Das Reptil(iengehirn) im Menschen agiert schneller als das Denkhirn, als der Verstand.

[1]Ditko, Peter H./Engelen, Norbert Q.: In Bildern reden; Düsseldorf 1996

Auf die programmierten Wellenlängen kommt es an.

Das Denkhirn, der Neo-Cortex des Menschen ist zu einem Teil durch Erbanlagen, weit mehr aber und entscheidend durch Umwelt(einflüsse) geprägt. Dazu Frederic Vester[1]:
"Bis zur Geburt ist der größte Teil des menschlichen Gehirns ausgebildet. Die restlichen Zellen und ihre festen Verknüpfungen entstehen in der kurzen Periode der ersten Wochen und Monate nach der Geburt. Damit ist das eigentliche Gehirnwachstum abgeschlossen. ... Die frühen Informationen durch unser erstes Tasten, Fühlen, Riechen, Schmecken sind ganz ähnlich wie die Erbinformationen fest gespeichert. ... Der restliche Teil (der Verknüpfung unserer Neuronen) wird in den (nach der Geburt) kommenden Monaten vollendet. ... Die Zellen wachsen je nach der vorhandenen Umwelt anders! Es ist die einzige Zeit, in der sich äußere Einflüsse, wie die Wahrnehmung durch das Auge, die Nase, den Geschmack, das Hören und das Fühlen, in der Ausbildung des Gehirns direkt niederschlagen können, ... So unterschiedlich die ersten Wahrnehmungen jedes Säuglings in seinem Lebenskreis sind, so unterschiedlich sind auch dessen Auswirkungen auf das sich jetzt bildende Grundmuster des kindlichen Gehirns."

Insbesondere durch Wahrnehmung werden also die Grundmuster, die Wahrnehmungsmuster, geprägt; durch die Art und Weise des Empfangens werden bevorzugte Eingangskanäle entwickelt, was zur Folge hat, daß der eine Informationen besser durch Hören, der andere besser durch Sehen oder Fühlen oder Riechen usw. aufnimmt. Für sich betrachtet ist, so Vester, *"die Art der verschiedenen Grundmuster von geringer Bedeutung. Ausschlaggebend wird sie in der Kommunikation mit der Außenwelt, mit anderen Menschen, mit Dingen, mit denen man sich beschäftigt, kurz: in der Wechselwirkung mit anderen Grundmustern."*

In der Kommunikation kommt es demzufolge darauf an, daß sich der Sender beim Übermitteln bestmöglich auf das Wahrnehmungsmuster des Empfängers, auf dessen Wellenlängen einstellt, und so gehirngerecht kommuniziert.

---

[1] Vester, Frederic: Denken, Lernen, Vergessen; 24. Aufl., München 1978

Über "Pförtner" und "Warteraum" zur "Zentrale".

"Ich habe es gewußt, aber es ist weg. Ich kann es mir einfach nicht merken." So wird öfters geklagt. Dabei liegt jedoch in der Regel ein Irrtum vor, zumindest ein Mißverständnis: Die häufigsten Ursachen für ein vermeintliches Vergessen sind, daß die Nachricht überhaupt nicht oder nicht zutreffend aufgenommen und deshalb im Gehirn nicht eingespeichert wurde oder daß es nicht gelingt, die gespeicherte Information im Gehirn wiederzufinden, abzurufen, zu erinnern.

Der Gedächtnisvorgang wird unterschieden in
- die Merkfähigkeit, passiv bzw. aktiv, d.h., es prägt sich mir bzw. ich präge mir etwas ein, und
- die Erinnerungsfähigkeit, passiv bzw. aktiv, d.h., es fällt mir etwas ein bzw. ich mache mir etwas Gemerktes gegenwärtig.

Der Gedächtnisvorgang erstreckt sich, wie es z.B. Vester ausführlich darlegt, über drei **Gedächtnisstufen**:

1. das **Ultrakurzzeitgedächtnis** (UZG), quasi einem Pförtner am Empfang, einem erster Filter für Wahrnehmungen, den Vester mit dem kurzen Nachleuchten eines Bildes auf einer phosphoreszierenden Platte vergleicht. Im UZG kreisen die über die Sinnesorgane aufgenommenen Informationen bis zu etwa 20 Sekunden und werden dahingehend geprüft, ob sie weitergeleitet werden oder ob sie erlöschen sollen.

2. das **Kurzzeitgedächtnis** (KZG), quasi ein Vorbehandlungsraum oder auch Warteraum, einem zweiten Filter für Wahrnehmungen, den Vester mit dem Entwickeln des Negatives einer fotografischen Aufnahme gleichsetzt. Die Aufbereitung der Informationen im KZG dauert etwa 20 Minuten; während dieser Zeit können die Informationen, z.B. durch Schock (Blackout) oder durch Erlöschen des Interesses, immer noch verlorengehen, verschwinden.

3. das **Langzeitgedächtnis** (LZG), quasi die Zentrale, wo die Wahrnehmungen, so Vester, fixiert und fest verankert, auf Abruf gespeichert werden.

2, 4, 8 = Mensch, Hund, Spinne.

In ihrem Buch *"Stroh im Kopf?"* mit dem Untertitel *"Gebrauchsanleitung fürs Gehirn"* fordert Vera F. Birkenbihl, sich *"vom Gehirnbesitzer zum Gehirnbenutzer"* zu entwickeln; gemeint ist damit u.a., das gesamte Gehirn und dabei im Denk-Hirn die *"rechte und die linke Hälfte in harmonischer Team-Arbeit zu nutzen, also gehirn-gerecht zu kommunizieren"*. Ditko/Engelen[1] erinnern daran: *"Bereits den alten Ägyptern war aufgefallen, daß man bei geöffneter menschlicher Schädeldecke eine scheinbar gleichförmige Teilung des Gehirns in einen rechten und einen linken Teil erkennen kann, wobei der linke meist etwas größer ist als der rechte."*

Aufgrund späterer Erkenntnisse wird das Großhirn, das Denkhirn, vereinfacht, aber im Kern zutreffend ausgedrückt, in eine rechte und eine linke Hemisphäre eingeteilt. Rechts, in der rechten Hemisphäre, finden überwiegend die analogen Denkvorgänge statt, z.B. intuitive, emotionale, sprunghafte, kreative, träumerische, phantasierende, musikalische, figurative, bildhafte, ganzheitliche, nonverbale, irrationale, divergierende. In der linken Hemisphäre, finden überwiegend die digitalen Denkvorgänge statt, z.B. analytische, rationale, logische, mathematische, gesetzmäßige, detaillierte, ordnende, sachliche, zeitliche, kontrollierte, verbale (Sprechen, Lesen, Schreiben).

Ditko/Engelen: *"Heute weiß man, daß die Annahme einer kategorischen Trennung der beiden Gehirnhälften nicht aufrechterhalten werden kann. Auch existieren mittlerweile Überlegungen zu einem Multimind-Konzept, das die Zweigleisigkeit der Rechts-links-Kategorisierung verläßt, um der Komplexität des Gehirns noch besser gerecht zu werden. Dennoch hält auch Ornstein, der Vertreter dieses Konzepts, die schematische Einteilung in rechts und links noch immer für ziemlich nützlich und sinnvoll."*

[1] Ditko/Engelen: In Bildern reden; Düsseldorf 1996

🖐 Wechselwirkungen zwischen Kopf und Körper.

"Eben war es noch da. Jetzt ist es weg.": Ein typisches Ereignis z.B. in einer Prüfung, vor einer Rede oder in einem schwierigen Gespräch. **Denkblockaden**. *"Rege Dich ab, damit Du klar siehst und redest!"* rät Vera F. Birkenbihl, denn *"Das Denkhirn denkt, der Hormonhaushalt lenkt!"*

Frederic Vester[1] erklärt die *"Denkprozesse im Wechselspiel mit Hormonen, Denkblockaden als Störung durch Streßhormone: Unser Gehirn mit seinem Gedächtnis ist kein isolierter Computer, sondern es beeinflußt den Körper und seine Umwelt und wird selbst wieder von beiden beeinflußt. Was geht in solchen Fällen* (wie Prüfungen und ähnlichen Angst-Situationen) *vor sich? Zunächst einmal: Was ist eigentlich Angst? Was ist Aufregung? Ein Gefühl, eine seelische Regung, gewiß. Aber jede seelische Regung ist immer mit einem stofflichen Geschehen verbunden. Ungewohnte oder mit Gefahr oder unangenehmen Erinnerungen verknüpfte Wahrnehmungen lösen nämlich über das Zwischenhirn und den Sympathikusnerv eine direkte Stimulation der Nebenniere und einiger Gehirnregionen aus. In Bruchteilen von Sekunden werden von dort zwei Hormone in den Blutkreislauf geschickt: Adrenalin und Noradrenalin. Sie sind als Streßhormone bekannt und dienen dazu, den Körper schlagartig für Höchstleistungen, für einen plötzlichen Angriff oder eine plötzliche Flucht zu präparieren und ebenso schlagartig eine Erhöhung des Blutdrucks und eine Mobilisierung der Fett- und Zuckerreserven auszulösen. Wir alle kennen ja das mit einer Aufregung verbundene Gefühl einer plötzlichen heißen Wallung."*

In der Kommunikation, insbesondere in der Rhetorik, werden die geschilderten Streßreaktionen und auch weitere ähnliche, wie z.B. Herzpochen, Zittern, weiche Knie, feuchte Hände, Schweißausbrüche, trockener Hals, flache Atmung **Lampenfieber** genannt. Lampenfieber ist oft unvermeidlich, aber meistens begrenz- und beherrschbar.

---

[1] Vester, Frederic: Denken, Lernen, Vergessen; 24. Aufl., München 1977

Was der Bauer nicht kennt, das ißt er nicht.

Alles, was einem Menschen fremd, unbekannt, undeutlich, ungewohnt, unheimlich vorkommt, löst erst einmal Unsicherheit, Vorsicht und Schutzmaßnahmen aus in Form von Abwehr-, Angriffs- oder Fluchtbereitschaft; dieses erst recht dann, wenn negative Vorerfahrungen oder Vorurteile vorhanden sind, die zusätzlich Mißtrauen oder Ablehnung hervorrufen oder verstärken.

Frederic Vester[1] führt hierzu u.a. ein Ergebnis an, das die Wirkung verschiedener Stressoren zeigt in einem Test beim Abfragen von Informationen in Schulen:
- **Angst** ließ das Erinnern auf 50 % des zweifelsfrei vorhandenen Wissens absinken;
- ungewohnte **fremdartige Ausdrucks- und Verhaltensweise** des Fragenden auf 41 % und
- assoziationsarme, **abstrakte** Fragestellungen auf gar nur 33 %.

Ähnliche Effekte treten bei einer angstbehafteten oder ungewohnten oder abstrakten Informationsübermittlung ein. Die Empfangs-, Speicher- und Erinnerungsfähigkeit von Informationen wird bei übermäßigem negativen Streß (Dis-Streß), stark vermindert bis völlig blockiert.

Vester weiter: *"Wie kommen Denkblockaden zustande? Fünfhundert Billionen Synapsen regeln den gesamten Informationsfluß in unserem Gehirn. Nur mit Hilfe der Synapsen ist ein geordnetes Denken und Erkennen, ein Lernen und Erinnern möglich. Bei Streß, also z.B. bei Angst, Schreck, Hetze, Schmerz* (auch Wut und Ärger), *wird die normale Funktion der Synapsen gestört. Denn die bei Streß ausgeschütteten Hormone Adrenalin und Noradrenalin sind Gegenspieler bestimmter Transmitter, also der Substanzen, die in den Synapsen für die Weiterleitung der ankommenden Informationen sorgen. ... Sobald der Gehalt an Adrenalin und Noradrenalin im Gehirn ansteigt, werden viele Impulse nicht weitergeleitet. ... Die Information kann nicht an ihren Bestimmungsort gelangen: Sinnesstörungen, Denkblockaden, Gedächtnislücken."*

[1] Vester, Frederic: Denken, Lernen, Vergessen; 24. Aufl., München 1977

☛ **Ohne Lampenfieber kaum ein gelungener Auftritt.**

Lampenfieber ist Energie. Energie benötigt der Mensch im besonderem Maße und in spezieller Form dann, wenn er in schwierigen Situationen feinfühlig, angestrengt, konzentriert, ausdrucks- und kraftvoll (re)agieren muss.

Zahlreiche Kommunikationssituationen, sei es eine wichtige Rede oder ein bedeutsames Gespräch, sei es ein anspruchsvolles Lehren oder Lernen, sei es gar eine Prüfung, sind schwierig und erfordern außerordentliche Energie. Das Lampenfieber ist verstärkte Energie, die zum Denken und Handeln in der zwischenmenschlichen Kommunikation genutzt werden kann.

Fast jeder, der in Foren, in Sälen, am Rednerpult, auf der Bühne oder sonstwo vor Publikum erfolgreich ist, bestätigt das Auftreten von Lampenfieber insbesondere unmittelbar vor und am Anfang seiner Aktion, z.B.

- Francoise Hardy, französische Chansonette: "Lampenfieber habe ich vor jedem Auftritt."
- Caterina Valente, deutsche Entertainerin: "Lampenfieber ist einfach ein Teil des künstlerischen Erlebnisses. Lampenfieber sollte, ja darf man sich nicht abgewöhnen."
- Samy Davis jr., der große amerikanische Entertainer: "Ein Auftritt ohne Lampenfieber ist wie eine Liebe ohne Gefühl.".

Diese Reihe ließe sich beliebig fortsetzen. Das Phänomen dabei: Nahezu alle Künstler und Redner haben Lampenfieber, also Auftrittsangst oder wie immer diese innere Unruhe, dieses Unwohlsein bezeichnet werden kann. Aber kaum jemand im Publikum merkt es; denn Lampenfieber bleibt in den allermeisten Fällen unsichtbar. Das Lampenfieber ist eine innere, seelische Kraft, die sich umwandeln läßt in Begeisterung für die Sache und vor allem für die Mitmenschen, für die man wirkt. Diese Umwandlung erfolgt durch eine bewußte, berechtigte, weil erworbene Selbstsicherheit und durch Motivation. Die Psychologen sprechen hierbei von Sublimation, d.h. eine seelische Kraft wird in eine andere umgewandelt.

Was ist Lampenfieber?

Das Phänomen des Lampenfiebers ist, so im "Lexikon der Psychologie", der *"Zustand großer Nervosität und starker innerer Angespanntheit (psychogene, innere Erregung), der Vortragende, Redner und Künstler vor öffentlichen Auftritten sowie Prüflinge vor dem Examen befällt. Lampenfieber ist die bis zu einem gewissen Grade normale Form der Erwartungsangst. Es ist häufig von der Furcht vor Mißerfolg begleitet und zuweilen mit einer Blockierung des normalen Erlebnisverlaufs sowie des Ausdrucksverhaltens einhergehend."* Lampenfieber ist also insbesondere

- "***Angst****, d.h., ein mit Beengung, Erregung, Verzweiflung verknüpftes Lebensgefühl, das vor allem dadurch gezeichnet ist, daß die willensmäßige, verstandesmäßige Steuerung des Verhaltens teilweise oder ganz aufgehoben ist. (Dorsch, 1982)*
- *In dem Maße, in dem Angst auf ein konkretes Objekt bezogen ist, z.B. Examensangst, wird sie zur **Furcht**, die rationaler Prüfung und Beeinflussung eher zugänglich ist. Häufig wird Angst auch definiert als Besorgtheit und Aufgeregtheit angesicht von Situationen, die subjektiv als bedrohlich und ungewiß eingeschätzt werden. (Schwarzer, 1981)"*

Angst und Furcht sind in bestimmtem Umfang miteinander verwandt, so daß wesentliche Aussagen zur Angst auch für die Furcht gelten, für das Gefühl, sich objektbezogen bedroht zu fühlen: Angst/Furcht läßt sich einteilen in Existenzangst, die beim Lampenfieber wohl keine Rolle spielt, in **Leistungsangst** und in **soziale Angst** als Bedrohung des Selbstkonzeptes. Lampenfieber tritt also dann auf, wenn es um soziale Situationen geht, in denen Leistung in irgendeiner Form erbracht werden soll, wo jemand der wirklichen oder vermeintlichen Bewertung durch ein Publikum (im weitesten Sinne) unterliegt und versagen kann:

- *"Die Angst vor sozialer Bewertung ist ein emotionales Problem, welches sich in einer Scheu vor öffentlichem Auftreten bzw. Sprechen und einer Tendenz zur Meidung entsprechender Aktivität zeigt. (Ortlieb, 1973)"*

☞ **Lieber sterben als vor anderen reden.**

Es fällt schwer, das zu glauben, aber diverse Untersuchungen bestätigen es immer wieder: Die Angst davor, vor einer Gruppe von Menschen reden zu müssen, ist bei der Mehrzahl der Menschen gewichtiger, als die Angst vor dem Fliegen, vor schweren Krankheiten oder vor dem Tod. Warum diese Angst? Es ist insbesondere die Angst

- vor dem Unbekannten, den vielen Leuten, dem Vorgesetzten, den Kolleginnen und Kollegen;
- davor, aufzufallen; davor, nicht mehr weiter zu wissen, zu versagen, sich zu blamieren; vor Fehlern, Kritik, negativer Beurteilung, Ablehnung;
- davor, den eigenen Ansprüchen und Erwartungen nicht zu genügen.

Derartige Angst löst körperliche Reaktionen aus, vorwiegend aufgrund biochemischer Prozesse, aufgrund hormonaler Ausschüttung (u.a. des Streßhormons Adrenalin in die Blutbahn): Befangenheit, Beklommenheit, Hemmung, Verkrampfung, Starre, Zittrigkeit, Herzklopfen, Schwitzen, Erröten. Weitere Folgen dieser Blockaden und Unruhe: Atemnot, Enge im Hals und im Brustkorb, Sprech- und Schreibstörungen, Kopf- und Magenschmerzen, erhöhter Harn- und Stuhldrang.

Was ist zu tun, wenn Lampenfieber droht oder eintritt?
Die wirksamsten Mittel sind generell und vereinfacht gesagt, aber dennoch zutreffend:
- **Keine Angst vor der Angst.**
- Die Ursachen von Lampenfieber kennen; davon
- die unabdingbaren Ursachen akzeptieren, sie aber
- richtig und nicht übertrieben einschätzen, und die,
- die sich beseitigen oder zumindest einschränken lassen, offensiv und optimistisch angehen mit **Selbstvertrauen, Verstand und Fleiß**.

Ein schlechtes Gewissen wegen mangelhafter Vorbereitung, insbesondere wegen Lerndefiziten, ist zwar berechtigt, aber kein eigentliches Lampenfieber. Hier hilft nur Fleiß, also planen, vorbereiten, lernen, üben. Wie sagt es Wilhelm Busch so treffend:

"In Ängsten findet häufig statt,
was sonst nicht stattgefunden hat."

Gut ank☺mmen: Sich verständlich ausdrücken.

"Sich verständlich ausdrücken." ist nicht nur der Titel eines beachtenswerten Buches von Langner, Schulz von Thun und Tausch; es ist ein Programm, denn darin sind wesentliche unerläßliche Gebote für eine zielgerechte, nachhaltig wirkungsvolle Kommunikation zusammengefaßt:

> **So übersichtlich, so geordnet wie möglich;**
> **so einfach, so klar wie nötig;**
> **im allgemeinen kurz und prägnant;**
> **immer wieder anregend und anschaulich!**

Siebzehn Wissenschaftler, darunter die drei Hamburger Professoren Langner, Schulz von Thun und Tausch, haben ca. 4500 Leserinnen und Leser unterschiedlichen Alters und Bildungsniveaus über 200 Texte zu mehr als 30 Themen verschiedenster Bereiche nach unterschiedlichsten Fragestellungen und Kriterien prüfen lassen. Ein wesentliches Ergebnis war, daß **vier Merkmale (G-E-K-A)** geschriebene und gesprochene Texte verständlicher machen:

1. **Gliederung - Ordnung,**
2. **Einfachheit - Klarheit,**
3. **Kürze - Prägnanz.**
4. **Anschaulichkeit - Stimulanz.**

"Wer so spricht, daß er verstanden wird, spricht gut."

So hat es Molière gesagt. Und dazu auch Allhoff/Allhoff[1]: *"Jeder Redner hat die Verpflichtung, sich um ein hohes Maß an Verständlichkeit während des Sprechens zu bemühen. 'Verständlichkeit hat eigene sittliche Qualitäten: Sie bewahrt die Mitmenschen vor ungerechtfertigtem Zeit- und Energieverlust und vor durch Mißverständnisse hervorgerufenen sozialen Konflikten.' so S. Berthold. Jeder hat ein Recht darauf, wirklich informiert zu werden, und das heißt, ohne besondere Anstrengung verstehen zu können: einen Vortrag ebenso wie eine Predigt oder eine Anweisung"* (oder auch Gesetze, Verordnungen, Gerichtsurteile, Gutachten, Beurteilungen usw.).

---

[1] Allhoff/Allhoff: Rhetorik & Kommunikation; 10. Aufl., Regensburg 1994

✍ **"G-E-K-A": Die vier Verständlichmacher.**[1]

G : Gliederung - Ordnung
Dieses Merkmal bezieht sich auf die äußere Gliederung und auf die innere Ordnung.
Äußere Gliederung: Der Aufbau der Gesamtheit der Ausführungen wird sichtbar gemacht. Zusammengehöriges wird übersichtlich gruppiert. Wesentliches wird von weniger Wichtigem unterschieden. Ein roter Faden wird und bleibt erkennbar.
Innere Ordnung: Die Informationen werden in sinnvoller Reihenfolge dargeboten. Die Sätze sind folgerichtig aufeinander bezogen.

E : Einfachheit - Klarheit
Die sprachlichen Formulierungen sind eingängig: Die Worte sind eindeutig und geläufig; unausweichliche schwierige Wörter (Fachausdrücke, Fremdwörter) werden sofort klargestellt. Die Sätze sind überschaubar, kurz und glatt; der Hauptsatz geht grundsätzlich einem Nebensatz voran; Bandwurm- und Schachtelsätze werden vermieden.

K : Kürze - Prägnanz
Die Ausführungen sind grundsätzlich aufs Wesentliche beschränkt, aufs Ziel konzentriert. Die Länge des Textes, in den jeweiligen Abschnitten und insgesamt, steht in angemessenem Verhältnis zum jeweiligen Kommunikationsziel. Eine knappe, gedrängte Ausdrucksweise ist das eine, eher zu tolerierende Extrem, eine ausführliche, weitschweifige das andere, in jedem Fall zu vermeidende Extrem.

A : Anschaulichkeit - Stimulanz
Mit gefälligen, eingängigen Formulierungen wird stimulierend, ermunternd und motivierend gewirkt. Mit Anschaulichkeit und anregenden, animierenden Beifügungen wird Aufmerksamkeit, Interesse, Lust beim Empfänger hervorgerufen und erhalten, wird Appetit geweckt und die Verdaulichkeit gefördert, z.B. durch persönliche Ansprache, lebensnahe Beispiele, sinnvolle Vergleiche, rhetorische Fragen, reizende Worte, humorvolle Konstellationen.

[1]Orientiert an Langner/Schulz von Thun/Tausch: Sich verständlich ausdrücken; 4. Aufl., München 1990

Unklar redet, wer selbst im Trüben fischt.

Kristallene Klarheit fordert Willfred Hartig[1] als ein wesentliches redestilistisches Merkmal, um beim Zuhörer auf den Verstand, das Gefühl und den Willen einzuwirken und im Sinne der *"klassischen Rhetorik zu belehren, zu ergötzen und zu bewegen"*. Hartig zitiert:

- *"Und doch ist nichts leichter, als so zu schreiben (oder zu reden), daß kein Mensch es versteht; hingegen ist nichts schwerer, als bedeutende Gedanken so auszudrücken, daß jeder sie verstehen muß."*
  (Schopenhauer)
- *"Wer sich tief weiß, bemüht sich um Klarheit; wer der Menge tief scheinen möchte, bemüht sich um Dunkelheit. Denn die Menge hält alles für tief (und fürchtet), dessen Grund sie nicht sehen kann."*
  (Nietzsche)

Susanne Motamedi[2] nennt diese Verständlichkeitskriterien:
1. *Fachbegriffe nach dem Kenntnisstand der Zuhörer;*
2. *Abkürzungen nach dem Kenntnisstand der Zuhörer;*
3. *Keine Modewörter, kein Vulgärdeutsch verwenden;*
4. *Verben bevorzugt einsetzen, kein Nominalstil;*
5. *Satzverbindungen differenzieren;*
6. *Kurze Sätze;*
7. *Verb an den Satzanfang.*

Drei weitere wichtige Mittel zur Verständlichkeit sind besonders für die Rede, auch beim Schreiben:
- die Assoziierung, die Verbindung mit Bekanntem,
- die Visualisierung, die bildhafte Vorstellung und
- die Schlagzeilen-Technik.

Alle drei Aspekte gelten sowohl für den Sender als auch für den Empfänger. Was ein Sender nicht mit bereits vorhandenen Kenntnissen und Erfahrungen verknüpfen, was er sich nicht vorstellen (i.S.v. nicht vor seinem geistigen Auge bildhaft hinstellen) und was er nicht in einer Schlagzeile zusammenfassen kann, das wird der Sender kaum so gehirngerecht übermitteln, daß es dem Empfänger gut möglich ist, zielgerecht und nachhaltig wirkungsvoll zu empfangen.

---
[1] Hartig/Elertsen: Moderne Rhetorik und Dialogik; 12. Aufl., Heidelberg 1993
[2] Motamedi, Susanne: Rede und Vortrag; Weinheim; Basel 1993

Gut ank☺mmen.
Gewinnbringend kommunizieren.
Verstehen, um verstanden zu werden.

IX.

Was ist wo zu finden?

Quellen zur Kommunikation.

**Die häufigsten Lernquellen in unserer Welt:
Zwischenmenschliche Kommunikation!**

Da der Mensch, wie Watzlawick es ausdrückt, sich *"nicht nicht verhalten"* und somit auch *"nicht nicht kommunizieren kann"*, sprudelt es in unserer Umwelt nur so vor Kommunikation. Das aufmerksame Beobachten des Kommunizieren anderer und das bewußte Erleben eigenen Kommunikationsverhaltens ist ein permanentes Lernen. Zudem wird der Alltag dadurch im wahrsten Sinne des Wortes interessanter; schließlich bedeutet das Wort Interesse (lateinisch: dazwischen sein) auch alles das, was sich zwischen Menschen abspielt, in welcher Form auch immer:

- beim stummen Herumsitzen in der Bahn oder im Bus,
- beim Spielen der Kinder in der Sandkiste,
- in der Unterrichtsstunde in der Aus- und Fortbildung,
- beim Gespräch am Nebentisch,
- in der Verkaufsverhandlung im Ladengeschäft,
- beim Hin und Her auf dem Sportplatz,
- während des Theaterstück, des Konzerts, der Debatte,
- in der Talkshow im Fernsehen.

In jedem Buch, jeder Zeitung, auf jeder Cassette, jeder CD, per Brief, per Telefon, per Computer, überall wird kommuniziert. Überall besteht die Möglichkeit, Hinweise für das eigene künftige Kommunikationsverhalten zu erhalten. Auch diese schriftlichen Ausführungen sind nicht nur inhaltlich, sondern von der Form her eine Lernquelle. Die Substanz kommt aus dem Erleben und Wissen, dem Bewußtsein und Unterbewußtsein des Autors, dabei auch aus speziellen Quellen, z.B. aus Fach- und Sachbüchern, Vorträgen und Seminaren, Ton- und Bildaufzeichnungen.

Ausdrücklich genannt werden

- im **Quellenverzeichnis** die Personen und deren Veröffentlichungen, die hier in besonderem Maße und konkret genutzt und erwähnt wurden, und
- in der **Literaturauswahl** alle Fach- und Sachbücher, die aus der Kenntnis und Sicht des Autors aus der großen Zahl an qualitativ sehr unterschiedlichen Veröffentlichungen zum Themenbereich "Zwischenmenschliche Kommunikation" als wichtige, weil ergiebige, hilfreiche Quellen hervorzuheben sind.

Verzeichnis der im Buch zitierten Autorinnen und Autoren.

Im Text werden zahlreiche Autoren genannt und zitiert. Ihre Gedanken, die in ihren Veranstaltungen und durch ihre Veröffentlichungen vermittelt und erworben wurden, sind ein wesentlicher Teil der Grundlagen für dieses Buch. Aus Gründen der Nachvollziehbarkeit, aber vor allem aus Gründen der Fairneß werden diese Autoren nicht nur jeweils ausdrücklich genannt, sondern die von ihnen verarbeiteten Ausführungen werden, soweit sie wörtlich übernommen wurden, durch eine *kursive* Schrift deutlich sichtbar. Die Einbeziehung dieses Gedankengutes war nicht nur wichtig und förderlich, sondern ist mit Dank verbunden. Die Veranstaltungen und Veröffentlichungen dieser Autoren sind für jeden in besonderem Maße empfehlenswert, der sich mit der *Zwischenmenschlichen Kommunikation* auseinandersetzt - mit welchem Ziel und in welcher Weise auch immer. Das alles gilt in herausragendem Maße für Vera F. Birkenbihl, die außergewöhnlich und nachhaltig beeindruckend wirkt.
Nachfolgend sind aufgeführt: diese Autoren; die Seiten, auf denen sie zitiert werden; die Bücher, aus denen diese Gedanken verwertet werden:

Allhoff, Dieter W./Allhoff, Waltraud - S. 24, 84, 99, 101, 103, 105, 107, 136, 155:
  Rhetorik & Kommunikation; 10. Aufl., Regensburg 1994
Birkenbihl, Michael - S. 42, 68, 118:
  Train the Trainer; 11. Aufl., Landsberg am Lech 1993
Birkenbihl, Vera F. - S. 30, 46, 59, 60, 61, 77, 78, 79, 117, 145, 146, 149, 151:
  Kommunikationstraining; 11. Aufl., München 1991
  Kommunikation für Könner ... schnell trainiert; Landsberg am Lech 1995
  Die Kunst des Lobens; 2.Aufl., Bonn 1992
  Signale des Körpers; 6 Aufl., München 1990
  Stroh im Kopf. Gebrauchsanleitung fürs Gehirn; 27. Aufl., Speyer 1996
Covey, Stephen R. - S. 50, 51:
  Die sieben Wege zur Effektivität; 8. Aufl., Frankfurt/Main; New York 1997
Ditko, Peter H./Engelen, Norbert Q. - S. 146, 149:
  In Bildern reden; Düsseldorf 1996
Dressler/Voß (in Voß, Bärbel - Hrsg.) - S. 23:
  Kommunikations- und Verhaltenstraining; 2. Aufl., Göttingen 1995 und 1996
Ebeling, Peter - S. 84:
  Rhetorik; 8.Aufl., Wiesbaden 1989
Enkelmann, Nikolaus B. - S. 85, 125:
  Überzeugen, aber wie?; 2. Aufl., Hamburg 1987
Fey, Gudrun/Fey, Heinrich - S. 85, 122:
  Redetraining als Persönlichkeitsbildung; Bonn; Regensburg 1996
Gehm, Theo - S. 24, 25, 58:
  Kommunikation im beruflichen Alltag; Weinheim; Basel 1994
Günther, Ullrich/Sperber, Wolfram - S. 45, 46, 84:
  Handbuch für Kommunikations- und Verhaltenstrainer; München; Basel 1993
Harpe, Maria von - S. 119, 121,122:
  Rhetorik; Münster/Westfalen 1992

Hartig, Willfred/Elertsen, Heinz - S. 87, 88, 89, 91, 114, 121, 137, 157:
  Moderne Rhetorik und Dialogik; 12. Aufl.; Heidelberg 1993
Heigl, Peter S. - S. 132, 140, 141:
  Sprechen Sie sicher; Offenbach/Main 1991
Holzheu, Harry - S.50, 51:
Ehrlich überzeugen; 4. Aufl., München 1996
Langner, Inghard/Schulz von Thun, Friedemann/Tausch, Reinhard - S. 65, 156:
  Sich verständlich ausdrücken; 4. Aufl., München 1990
Lemmermann, Heinz - S. 84, 122:
  Lehrbuch der Rhetorik; München 1990
Lucas, Manfred - S.84:
  Überzeugend reden; 2. Aufl., Düsseldorf 1990
Motamedi, Susanne - S. 83, 103, 121, 122, 123, 157:
  Rede und Vortrag; Weinheim; Basel 1993
Neumann, Rudolf - S. 67, 97, 103:
  Zielwirksam reden; Renningen-Malsheim; Wien 1995
Quernheim, Peter von - S.85:
  Überzeugen können; Die Kunst der ganzheitlichen Gesprächsführung. Frankfurt/M.; Berlin 1994
Rechtien, Wolfgang (in Schneider, D./Rechtien, W.) - S. 40:
  Argumentieren, formulieren, überzeugen; Wiesbaden 1991
Ruhleder, Rolf H. - S. 30, 76, 85, 91, 108, 138 :
  Rhetorik von A bis Z - die Fibel; Bonn 1989
  Rhetorik, Kinesik, Dialektik. 11. Aufl., Bonn 1992
Scheerer, Harald - S. 45:
  Reden müßte man können; Speyer 1983
Schulz von Thun, Friedemann - S. 21, 56, 57, 61:
  Miteinander reden 1: Störungen und Klärungen; Reinbek bei Hamburg 1981
Speck, Dieter - S. 43, 44:
  Kommunikationstraining für den Alltag; 2. Aufl., Düsseldorf 1990
Thiele, Alfred - S. 76, 138:
  Rhetorik; Wiesbaden 1991
Vollmer, Günter/Hoberg, Gerrit - S. 26, 133:
  Kommunikation: sich besser verständigen - sich besser verstehen; Stuttgart 1994
Vester, Frederic - S. 145, 147, 150, 151:
  Denken, Lernen, Vergessen; 24. Aufl., München 1977
Watzlawick, Paul - S. 19, 39:
  Menschliche Kommunikation: Formen, Störungen, Paradoxien; 8. Aufl., Bern; Stuttgart 1990 (mit Beavin, Janet H.; Jackson, Don D.)
  Wie wirklich ist die Wirklichkeit?; 21. Aufl., München 1976
Zuschlag, Berndt - S. 84, 107:
  Der Weg zum erfolgreichen Redner; Göttingen 1994

Ausgewählte Literatur zum Themenbereich: Kommunikation allgemein

Birker, Klaus: Betriebliche Kommunikation; Berlin 1998
Birkenbihl, Vera F.:
  Kommunikationstraining: Zwischenmenschliche Beziehungen erfolgreich gestalten; 11. Aufl., München 1991
  Kommunikation für Könner ... schnell trainiert: Die hohe Kunst der professionellen Kommunikation; Landsberg am Lech 1995
Bown, Geraldine / Byrd, Catherine: Klartext sprechen - mehr Erfolg im Beruf: effektiv kommunizieren; Aggressionen vermeiden (Kommunikationstraining für Frauen); Regensburg; Düsseldorf 1999
Cole, Kris: Kommunikation klipp und klar: Besser verstehen und verstanden werden; Weinheim; Basel 1996
Conen, Horst: Die Kunst, mit Menschen umzugehen: Ein Ratgeber mit Übungen für erfolgreiche Kommunikation und Körpersprache; Köln 1991
Dittrich, Helmut: Kommunikation - Schlüssel zum Erfolg; München 1992
Fittkau, Bernd/Müller-Wolf, Hans-Martin/Schulz von Thun, Friedemann:
  Kommunizieren lernen (und umlernen): Trainingskonzeptionen und Erfahrungen;

  7. Aufl., Aachen-Hahn 1987
Gehm, Theo: Kommunikation im Beruf: Hintergründe, Hilfen, Strategien; Weinheim; Basel 1994
Goldmann, Heinz: Erfolg durch Kommunikation: die 12 goldenen Regeln für Könner; Düsseldorf 1996
Gordon, Thomas:
  Familienkonferenz; 10. Aufl., München 1989
  Managerkonferenz; 10. Aufl., München 1989
Griffin, Jack: Richtig kommunizieren im Beruf: Mit Vorgesetzten, Kollegen, Mitarbeitern, Kunden, Lieferanten, Investoren; Landsberg am Lech 2000
Grünberg, Marion: Kommunikationstrainer für Beruf und Karriere: Überzeugend argumentieren, souverän vortragen, erfolgreich verhandeln; München 2000
Günther, Ullrich/Sperber, Wolfram: Handbuch für Kommunikations- und Verhaltenstrainer: Psychologische und organisatorische Durchführung von Trainingsseminaren; München; Basel 1993
Hartig, Matthias: Erfolgsorientierte Kommunikation: Wege zur kommunikativen Kompetenz; Tübingen 1997
Kahn, Michael: Das TAO der Kommunikation: Wie wir einander besser verstehen; Wien; München 1999
Kebeck, Günther: Wahrnehmung: Theorien, Methoden und Forschungsergebnisse der Wahrnehmungspsychologie; 2. Aufl., Weinheim; München 1997

Mackay, Hugh: Warum hörst du mir nie zu? Zehn Regeln für eine bessere Kommunikation; München 1997

Mantel, Manfred/Fischer, Rainer: Reden - Mitsprechen - Verhandeln: Kommunikationstraining für Selbststudium und Gruppenarbeit; 5. Aufl., Stuttgart 1997

McCormack, Mark H.: Die Schule der Kommunikation; Frankfurt/Main; New York 1998

Neuhäuser-Metternich, Sylvia: Kommunikation im beruflichen Alltag: Verstehen und verstanden werden; München 1994

Pink, Ruth: Kommunikation ist mehr als nur reden: Ein Ratgeber nicht nur für Frauen; 3. Aufl., Stuttgart 1997

Richardson, Jerry: Erfolgreich kommunizieren: Eine praktische Einführung in die Arbeitsweise von NLP; München 1992

RoAne, Susan: Was sage ich bloß?: perfekt auftreten, brillant kommunizieren, souverän reagieren; das 7-Punkte-Programm für Ihren beruflichen Erfolg; Landsberg am Lech 1998

Roschmann, Christian: Effiziente Kommunikation in der öffentlichen Verwaltung: bürgernah, korrekt, erfolgreich; Berlin; Bonn; Regensburg 1994

Ruhleder, Rolf H.: Rhetorik, Kinesik, Dialektik: Redegewandtheit, Körpersprache, Überzeugungskunst; 11. Aufl., Bonn 1992

Schaller, Beat: Die Macht der Sprache: 101 Werkzeuge für eine überzeugende Kommunikation; München 1998

Schulz von Thun, Friedemann:
  Miteinander reden: 1. Störungen und Klärungen; Reinbek bei Hamburg 1981
  Miteinander reden: 2. Stile, Werte und Persönlichkeit; Reinbek bei Hamburg 1989
  Miteinander reden: 3. Das "innere Team" und situationsgerechte Kommunikation; Reinbek bei Hamburg 1998

Speck, Dieter: Kommunikationstraining für den Alltag: Miteinander reden - einander verstehen; 2. Aufl., Düsseldorf 1990

Storey, Richard: Kommunizieren wie ein Profi: Wie Sie im Job Ziele setzen, Beziehungen entwickeln, Einfluß gewinnen; Landsberg am Lech 1999

Vollmer, Günter/Hoberg, Gerrit: Kommunikation: sicher besser verständigen - sich besser verstehen; Stuttgart; Dresden 1994

Voß, Bärbel (Hrsg.): Kommunikation und Verhaltenstraining; Göttingen 1995 und 1996

Watzlawick, Paul: Wie wirklich ist die Wirklichkeit? Wahn, Täuschung, Verstehen; 21. Aufl., München 1996

Watzlawick, Paul/Beavin, Janet H./Jackson, Don D.: Menschliche Kommunikation: Formen, Störungen, Paradoxien; 8. Aufl., Bern; Stuttgart; Toronto 1990

Ausgewählte Literatur zum Themenschwerpunkt: Rhetorik

Allhoff, Dieter-W./Allhoff, Waltraud: Rhetorik & Kommunikation; 10. Aufl., Regensburg 1994

Ammelburg, Gerd: Die Rednerschule: Reden, verhandeln, überzeugen; 3. Aufl., Düsseldorf; Wien 1992

Asgodom, Sabine: Reden ist Gold; Düsseldorf; München 1997

Beushausen, Ulla: Sicher und frei reden: Sprechängste erfolgreich abbauen; Reinbek bei Hamburg 2000

Birkenbihl, Vera F.: Rhetorik: Redetraining für jeden Anlaß; Bergisch-Gladbach 1997

Bower, Sharon/Kayser, Dietrich: Erfolgreich reden und überzeugen: Der praktische Redekurs; Freiburg im Breisgau 1996

Breitenstein, Rolf: Die wirksame Rede: Reden schreiben - Reden reden - reden können; München 1994

Carnegie, Dale: Rede: Die Macht des gesprochenen Wortes; 14. Aufl., Lahr 1990

Ebeling, Peter: Rhetorik; 8. Aufl., Wiesbaden 1989

Enkelmann, Nikolaus B.:
Rhetorik Klassik: Die Kunst zu überzeugen; Offenbach 1999
Überzeugen, aber wie? ABC der Beeinflussungskunst Rhetorik; 2. Aufl., Hamburg 1987

Fey, Gudrun: Selbstsicher reden - selbstbewußt handeln: Rhetorik für Frauen; Regensburg; Düsseldorf 1998

Fey, Gudrun/Fey, Heinrich: Redetraining als Persönlichkeitsbildung: praktische Rhetorik zum Selbststudium und für die Arbeit in Gruppen; Bonn; Regensburg 1996

Formatschek, Wolfgang: Frei sprechen: so schaffen Sie es!; Bamberg 1992

Hahn, Rolf-Michael/Stickel, Nicolai: Richtig miteinander reden: 8 Wege zum erfolgreichen Zuhören, Verstehen und Sprechen; Landsberg am Lech 1999

Harpe, Maria von: Rhetorik: klar Denken, effektiv Argumentieren, hörerbezogen Reden; Münster/Westf. 1992

Hartig, Willfred: Moderne Rhetorik und Dialogik: Rede und Gespräch in der Kommunikationsgesellschaft; 12. Aufl.; Heidelberg 1993

Heigl, Peter R.: Sprechen Sie sicher: Sprechtechnik und aktives Redetraining; Offenbach/Main 1991

Herrmann, Paul: Reden wie ein Profi: Rhetorik für den Alltag; München 1991

Hertlein, Magrit: Frauen reden anders: Selbstbewußt und erfolgreich im Jobtalk; Reinbek bei Hamburg 1999

Hirsch, Gundula: Die Kunst der freien Rede: Ein Intensivkurs; Niedernhausen/Ts. 1991

Hofmeister, Roman: Rhetorik: Handbuch der Redekunst; Salzburg 1990

Krieger, Paul/Hantschel, Hans-Jürgen: Handbuch der Rhetorik: Reden - Gespräche - Konferenzen; Niedernhausen/Taunus 1998/2000

Lerche, Ruth: Rhetorik: Das Trainingsprogramm: sicher auftreten - frei sprechen - erfolgreich diskutieren; Augsburg 1995

Lemmermann, Heinz: Lehrbuch der Rhetorik: Redetraining mit Übungen; München 1990

Lucas, Manfred: Überzeugend reden: Erfolg durch moderne Rhetorik; 2. Aufl., Düsseldorf 1990

Mentzel, Wolfgang: Rhetorik: Sicher und erfolgreich sprechen; München 2000

Mohler, Alfred: Die 100 (hundert) Gesetze überzeugender Rhetorik; Frankfurt/Main; Berlin 1990

Motamedi, Susanne: Rede und Vortrag: sorgfältig vorbereiten, stilistisch ausarbeiten, erfolgreich durchführen; Weinheim; Basel, 1993

Neckermann, Bruno: Reden - Überzeugen - Gewinnen: sicher auftreten, frei reden durch Rhetorik-Training; München; Landsberg am Lech, 1994

Neumann, Rudolf: Zielwirksam reden: informieren - argumentieren - präsentieren - lehren - verkaufen; Renningen-Malsheim; Wien 1995

Pabst-Weinschenk, Marita: Reden im Studium: ein Trainingsprogramm; Frankfurt am Main 1995

Rogers, Natalie: Frei reden ohne Angst und Lampenfieber: das Talk-Power-Programm; München 1990

Ruhleder, Rolf H.: Rhetorik von A bis Z - die Fibel; Bonn 1989

Sarnoff, Dorothy: Auftreten ohne Lampenfieber: Reden, Interviews, Fernsehauftritte, Konferenzen, Präsentationen; Frankfurt/Main 1990

Scheerer, Harald: Reden müßte man können: Rhetorik für jedermann; Speyer 1983

Schlüter, Hermann: Grundkurs der Rhetorik; 11. Aufl., München 1988

Schlüter-Kiske, Barbara: Rhetorik für Frauen: Wir sprechen für uns; 3. Aufl., Frankfurt/Main; Berlin 1991

Schuh, Horst/Watzke, Wolfgang: Erfolgreich Reden und Argumentieren: Grundkurs Rhetorik; 32. Aufl., Ismaning 1994

Schultz-Medow, Evelyn: Nehmen Sie kein Blatt vor den Mund! Ein Redekurs für Frauen; Reinbek bei Hamburg 1988

Thiele, Albert: Rhetorik: sicher auftreten - überzeugend argumentieren beim Chef, vor Besuchern, am Telefon; Wiesbaden 1991

Tillner, Christiane/Franck, Norbert: Selbstsicher reden: Ein Leitfaden für Frauen; München 1990

Tusche, Werner: Reden und überzeugen: Rhetorik im Alltag; Köln 1993

Vogt, Gustav: Erfolgreiche Rhetorik: faire und unfaire Verhaltensweisen in Rede und Gespräch. München; Wien 1998

Zuschlag, Berndt: Der Weg zum erfolgreichen Redner; Göttingen 1994

Ausgewählte Literatur zum Themenschwerpunkt: Körpersprache

Axtell, Robert E.: Reden mit Händen und Füßen: Körpersprache in aller Welt; München 1994
Bierach, Alfred: In Gesichtern lesen: Menschenkenntnis auf den ersten Blick; Genf 1990
Birkenbihl, Vera F.: Signale des Körpers: Körpersprache verstehen; 6. Aufl., München 1990
Bürger, Barbara/Parzinger, Dominik: Körpersprache: Sicheres Auftreten - Gesundes Selbstbewußtsein - Erfolg im Geschäftsleben; Augsburg 1998
Cerwinka, Gabriele/Schranz, Gabriele:
  Die Macht des ersten Eindrucks: Souveränitätstips, Fettnäpfe, Small Talks, Tabus; Wien; Frankfurt/Main 1998
  Die Macht der versteckten Signale: Wortwahl, Körpersprache, Emotionen; Wien; Frankfurt/Main 1999
Cohen, David: Körpersprache in Beziehungen; Reinbek bei Hamburg 1995
Dimitrius, Jo-Ellan/Mazzarella, Mark: Der erste Blick: Anleitung zur Menschenkenntnis; 2. Aufl., München; Düsseldorf 1999
Eisler-Mertz, Christiane:
  Selbstsicherheit durch Körpersprache: Das Training zum selbstbewußten Auftreten; München 1989
  Die Sprache der Hände: Was uns unsere Gesten verraten; Landsberg am Lech 1997
Fast, Julius: Körpersignale der Macht: Der kreative Weg zu mehr Erfolg und Einfluß; München 1981
Gersbach, Ursula:
  KörperRhetorik für eigen-mächtige Frauen: Die lautlose Beredsamkeit; Bonn 1989
  Körpersprache im Beruf: Führen durch Körpersprache; München 1992
Ibelgaufts, Renate: Körpersprache: Wahrnehmen, deuten und anwenden; Augsburg 1997
Lewis, David: Die geheime Sprache des Erfolgs: Mimik und Gestik verstehen und bewußt einsetzen; München 1992
Lyle, Jane: Körpersprache; Bindlach 1995
Molcho, Samy:
  Körpersprache im Beruf; München 1996
  Alles über Körpersprache; München 1995
  Körpersprache der Kinder; München 1996
Morris, Desmond:
  Körpersignale: Vom Dekolleté bis zum Zeh; München 1986
  Bodytalk: Körpersprache, Gesten und Gebärden; München 1995

Rebel, Günther:
 Was wir ohne Worte sagen: Die natürliche Körpersprache; Landsberg am Lech 1993
 Mehr Ausstrahlung durch Körpersprache: Überzeugend auftreten - Mehr Erfolg
 privat und im Beruf; München 1997
Reutler, Bernd H.: Körpersprache verstehen; München 1988
Rosenberg, Anna: Körpersprache verstehen und bewußt einsetzen: So lernen Sie die
Kunst, mit Menschen umzugehen; Augsburg 1998
Rückle, Horst: Körpersprache für Manager; Landsberg am Lech 1998
Schwarz, Aljoscha A./Schweppe, Ronald P.: Das Lexikon der Körpersprache;
 Rastatt 1998
Sollmann, Ulrich: Management by Körper: Körpersprache, Bioenergetik, Streß-
 bewältigung; Reinbek bei Hamburg 1999
Stangl, Anton: Die Sprache des Körpers: Menschenkenntnis für Alltag und Beruf;
 Düsseldorf; Wien 1992
Topf, Cornelia: Körpersprache und Berufserfolg; Niedernhausen/Ts. 1999
Tramitz, Christiane: Irren ist männlich: Weibliche Körpersprache und ihre Wirkung
 auf Männer; München 1995
Westphal, Rainer: Körpersprache für Verkäufer: Signale erkennen - Selbstbewußt
 auftreten; Regensburg; Düsseldorf 1999
Zielke, Wolfgang: Sprechen ohne Worte: Mimik, Gestik, Körperhaltung verstehen und
 einsetzen; Herrsching 1992
Zunin, Leonard: Kontakt finden: Die ersten 4 Minuten - die Brücke zum anderen;
 6. Aufl., Bern; München; Wien 1994

Ausgewählte Literatur zum Themenbereich Gender(lekt):

Baerwald, J. Michael: Erfolgreich als Frau: Über den Umgang mit Mitarbeitern, Vorgesetzten und der eigenen Karriere; München 1994

Berckhan, Barbara: Die etwas gelassenere Art, sich durchzusetzen: Ein Selbstbehauptungstraining für Frauen; 14. Aufl., München 1995

Biddulph, Steve: Männer auf der Suche: Sieben Schritte zur Befreiung; 5. Aufl., München 2000

Bly, Robert: Eisenhans: Ein Buch über Männer; München 1993

Brooks, Donna/Brooks, Lynn: Die 7 Geheimnisse erfolgreicher Frauen: Wie Sie als Frau auch ohne männliche Strategien mehr erreichen; Landsberg am Lech 2000

Bryce, Lee: Frauen auf Erfolgskurs: Strategien für den beruflichen Aufstieg; Zürich; Wiesbaden 1990

Ditko, Peter H.: Frauen, die Karriere machen: Strategien für den beruflichen und privaten Erfolg; Düsseldorf; München 1998

Echter, Dorothee: Lust auf Macht? Wie Frauen positiv Einfluß nehmen; Düsseldorf 1994

Evatt, Cris: Männer sind vom Mars. Frauen von der Venus: Tausend und ein kleiner Unterschied zwischen den Geschlechtern; Hamburg 1994

Fast, Julius: Typisch Frau! Typisch Mann! Warum Mann und Frau so verschieden sind und trotzdem harmonieren können; Reinbek bei Hamburg 1977

Flaherty, Tina Santi: Die besten Karrierestrategien für Frauen: Besser reden, erfolgreicher kommunizieren, überzeugender auftreten; Landsberg am Lech 2000

Glaser, Connie B. / Smalley Babara S.: Erfolgsfaktor Selbstbewußtsein: Wie Frauen im Beruf überzeugen auftrete;. Reinbek bei Hamburg 1998

Gray, John: Männer sind anders. Frauen auch; München 1993

Ehmann, Hermann,: Männerängste: Wovor Männer sich wirklich fürchten; Stuttgart 1997

Höhler, Gertrud: Wölfin unter Wölfen: Warum Männer ohne Frauen Fehler machen; 2. Aufl., München 2000

Ibelgaufts, Renate: Karrierefrauen - Frauenkarriere: der tägliche Umgang mit dem Erfolg; Niedernhausen/Ts. 1991

Keen, Sam: Feuer im Bauch: Über das Mann sein; Bergisch-Gladbach 1992

Lohmann, Catharina: Frauen lügen anders: Die Wahrheit erfolgreich den Umständen anpassen; Frankfurt/Main 1998

Mapstone, Elisabeth: Warum Männer und Frauen sich nicht verstehen; München 1998

Mead, Margaret: Mann und Weib: Das Verhältnis der Geschlechter in einer sich wandelnden Welt; Hamburg 1958

Mendell, Adrienne: Erfolgsstrategien für Frauen im Beruf: Ungeschriebene Spielregeln kennen - männliche Verhaltensweisen verstehen - eigene Wege finden; München 1997

Mitscherlich, Alexander: Auf dem Weg zur vaterlosen Gesellschaft: Ideen zur Sozialpsychologie; 10. Aufl., München 1996

Müller, Meike: Schlagfertig! Verbale Angriffe gekonnt abwehren; Niedernhausen/Ts. 2000

Montgomery, Vickie L.: Der Survival-Guide für Powerfrauen: Schwierige Situationen mit Mitarbeitern, Kollegen und Vorgesetzten überzeugend und dauerhaft lösen; Landsberg am Lech 1998

Morris, Desmond: Mars und Venus: Das Liebesleben der Menschen; München 1997

Oppermann, Katrin/Weber, Erika: Frauensprache - Männersprache: Die verschiedenen Kommunikationsstile von Männern und Frauen; Zürich 1995

Pöhm, Matthias: Frauen kontern besser: So werden Sie richtig schlagfertig; München 2000

Pool, Robert: Evas Rippe: Das Ende des Mythos vom starken und schwachen Geschlecht; München 1995

Pusch, Luise: Das Deutsche als Männersprache; Frankfurt/Main 1984

Riedl, Sabina/Schweder, Barbara: Der kleine Unterschied: Warum Frauen und Männer anders denken und fühlen; Wien; München 1997

Rubner, Jeanne: Was Frauen und Männer so im Kopf haben; München 1996

Rupprecht-Stroell, Birgit/Kaminski, Marion: Fleißige Frauen arbeiten - kluge Frauen machen Karriere: Alles ist möglich; München 1997

Schapiro, Nicole: Verhandlungsstrategien für Frauen; München 1995

Schloff, Laurie/Yudkin, Marcia: Er sagt, sie sagt: Die Kunst, miteinander zu reden; München 1996

Scott, Wetzler: Ich weiß nie, woran ich mit dir bin: Wenn Männer nicht sagen, was sie wirklich meinen; München 1997

Stechert, Kathryn: Frauen setzen sich durch: Leitfaden für den Berufsalltag mit Männern; 4. Aufl., Frankfurt/Main; New York 1994

Tannen, Deborah:
Das hab ich nicht gesagt! Kommunikationsprobleme im Alltag; Hamburg 1992
Du kannst mich einfach nicht verstehen: Warum Männer und Frauen aneinander vorbeireden; Hamburg 1991
JOB-Talk: Wie Männer und Frauen am Arbeitsplatz miteinander reden; Hamburg 1995
Andere Worte, andere Welten: Kommunikation zwischen Männern und Frauen; Frankfurt/Main; New York 1997

Trömel-Plötz, Senta (Hrsg.): Frauengespräche: Sprache der Verständigung; Frankfurt/Main 1996

Westerholt, Birgit: Frauen können führen: Mut zur Karriere: Fähigkeiten erkennen, Barrieren überwinden, Kompetenzen erweitern; Weinheim; Basel 1998

Wieck, Wilfried: Was Männer nur Männern sagen - und was Frauen trotzdem wissen sollten; Stuttgart 1999

Wlodarek, Eva: Mich übersieht keiner mehr: Größere Ausstrahlung gewinnen; 4. Aufl., Frankfurt/Main 1999

Stichwortverzeichnis

AAAAA-Technik	139	Assoziierung	157
AAA-Technik	139	Atmosphäre	73, 98, 123
Abkürzungen	157	Aufgeregtheit	153
Ablehnung	42, 151	Aufgeschlossenheit	59
Ablenkungen	49	Aufmerksamkeit	59, 96, 98, 109, 123, 146, 156
Absicht	3		
abstrakte Fragestellungen	151		
Abwehrbereitschaft	151	Aufnahmefähigkeit	59, 105, 132, 141
Abwendung	86		
Accessoires	29	Aufregung	150
Actio	94	Auftrittsangst	152
Adrenalin	150 f, 154	Augenkontakt	136 ff,
affektiv	68	Ausdruck	18
Agression	56	Ausdrucksformen	60
AIDA	97 f, 110	Ausdruckskraft	92
akustische Signale	53	Ausdrucksweise	40, 151, 156
Akzeptanzmängel	42	Ausgangslage	92, 97
Allgemeinwohl	51	Aussprache	40
Alltag, beruflicher	4, 13, 88, 115	Ausstrahlung	137
		Barrieren	39
Alltagsauffassungen	39	Bausteine einer Rede	108
Altruismus	88	bedrücken	46
Aneignung	94	Bedürfnis	58, 78 f, 98
Anerkennung	79, 117, 125	beeindrucken	46
Anfangsphase der Kommunikation	71	Beeinflussungsprozesse	58
		Befangenheit	154
Angewohnheit	30	Befehle	34
Angriff	150	Befehls-/Weisungston	48
Angriffsbereitschaft	151	Befindlichkeit	58
Angst	46, 47, 61, 130, 150 f, 153 f	Beförderung	121
		Begeisterung	76
		Begreifbarkeit	145
Anlaß	93, 120	Begrüßung	113, 124
Annahmebereitschaft	59, 97	Beklommenheit	154
Anschaulichkeit	65, 145, 155f	Benehmen	29
Ansehen	125, 136	Bericht	90 f
Ansprache	91, 110, 115 f, 120	Beruf	51
		beruflicher Alltag	32, 88, 115
Anstrengungen	49	Berührung	17
Appell	35	Bescheidenheit	50
Appell-Empfänger	48	Besorgtheit	153
Appellfehler	48	Betriebsausflug	113
Arbeitswelt	118	Betriebs-Dialog	88
Ärger	151	Betriebsfest	113
Argumentationsgeschick	76	Betriebsgemeinschaft	88
argumentieren	105, 129	Betriebs-Psychologie	88 f

173

Stichwortverzeichnis

Betroffenheit	114		129
Beurteilungen	155	Dialog	27
Beweggründe	49	Dialogik	86 f
Bewegung	30, 74	Dienen	51
Bewegungstraube	30	Dienstjubiläum	121
Bewerbungen	48	Digitale Informationen	60
Beziehung	35, 45, 46, 53, 65, 72 f, 86, 88, 92, 93, 97f, 114, 118, 125, 136 f,	Diskrepanz	28
		Dispositio	94
		Dispositionsschema	99
		Dis-Streß	151
		Distanz	86
Beziehungsaspekte	29	Drei-Satz	107
Beziehungsebene	35, 46, 47	Dynamik	29
Beziehungsfeld	86	Ehemaligentreffen	113
Beziehungsgestaltung	88, 145	Ehrbarkeit	52, 100
Beziehungsstörungen	49	Ehrenrede	91
Beziehungswelt	34	Ehrlichkeit	51 f
Bildungsangebote	50	Eifersucht	46
biologische Unterschiede	32	Eigenheiten	74
Blickkontakt	76, 136, 139 f	Eindruck	74, 95
Blockade	65	Eindrucksbild	48
Blutdruck	150	Einfachheit	50, 65, 155 f
Blutkreislauf	150	Einflüsse	41, 55
Botschaften	40, 45	Einfühlen	51
Charakter	83	Einfühlsamkeit	51
Charaktereigenschaften	52	Einfühlungsfähigkeit	48
Charakterethik	50, 51	Einfühlungsvermögen	30, 76
Code	34	Einführung	121
Damenrede	91, 113	Einführung einer Person	113
Dank	96, 117, 121, 124 f	Eingangskanäle	147
		Einsatz	49
Dankesrede	125	Einstellung	39, 40, 46, 49, 65, 71 f, 73, 85, 88, 114, 132
Darstellung, bildliche	17		
Datenverarbeitungsprozesse	24		
Debatte	90		
Defizite im Empfangsergebnis	53	Einstieg	96
Demut	50	Einstimmung	85, 98
Denkblockade	46, 61, 150 f	Einweihung	113
Denkgeschwindigkeit	132	Einzelvortrag	90
Denk-Hirn	46, 146 f, 149 f	Ekel	61
		Elocutio	94
Denkpause	135	Eltern	13
Denk-Sprechen	92, 129 f	Emotionale Intelligenz	58
Denkvorgänge	149	Emotionen	55
Desinformation	39	Empathie	30, 51
Dialekt	60		
Dialektik	85, 87, 105,		

Stichwortverzeichnis

Empfangsbild	75
Empfangsergebnis	39, 53, 59, 70, 75
Empfangsfähigkeit	151
Empfangsresultat	56
Empfangstore	41
Empfangsvorgänge	57, 61
Empfinden	20, 55, 75, 86
Empfindlichkeiten	48, 58
Empfindungen	117
Endverhalten	67, 69
Energie	49, 78, 98, 152
Enkodierung	40
Erbanlagen	147
Erbinformationen	147
Erfahrungen	55, 102, 157
Erfolg	3, 14, 45, 49, 50, 69
Erinnern	29
Erinnerungen	55, 130, 150
Erinnerungsfähigkeit	148, 151
Erklärung	90
Erlöschen	42
Ermutigung	51
Erscheinungsbild	17, 74 ff, 83
erster Eindruck	74
Erwartungen	34, 141
Erwartungsangst	153
Ethik	51, 52, 83, 129
Examensangst	153
Fachausdrücke	156
Fachbegriffe	157
Fachkompetenz	76
Fachreferat	102
Fachsprache	60
Fachvortrag	90 f
Fähigkeiten	39
Fairneß	51
Fassaden	47
Fassadentechniken	47
Feedback	57, 65, 92, 134
Fehlerquelle	42
Feiern	113, 115
Festansprache	110
Festrede	90 f, 93, 122
Fleiß	50
Flexibilität	92, 129
Flucht	150
Fluchtbereitschaft	151
Fragen	129
Fragestellungen, abstrakte	151
Fragetechniken	92
Frauen	27
Frauensprache	34
Freie Rede	141
Fremdwörter	133, 156
Freudehormone	61
Frust	49
fühlen	57, 61, 147
Führungskräfte	89
Führungsstil	88
Fünf-Satz	101, 105
Fünf-Satz-Struktur	106
Furcht	153
Fürsorge	51
Gebrauchsanweisungen	44
Geburt	4, 13, 147
Geburtstagsrede	91
Gedächtnis	58, 146, 150
Gedächtnislücken	151
Gedächtnisstufen	145, 148
Gedächtnisvorgang	148
Gedanken	25, 33, 40, 46
Gedenken	113
Gedenktage	113
Geduld	50, 51, 130
Gefallsucht	47
Gefühl(e)	25, 33, 34, 45 f, 47f, 51, 57, 61, 85, 114, 130, 136, 150, 157
Gefühlsbotschaften	47
Gefühlsebene	35, 46
Gefühlslage	48
Gefühlsleben	58
gefühlsmäßige Beziehung	72
gefühlsmäßige Grundeinstellung	61
Gehirn	145 f, 149, 151
Gehirn, Funktionsweise	146

Stichwortverzeichnis

Gehirn, Grundstrukturen	145 f,	Hierarchie	116
gehirngerechtes Senden	65, 92	Hindernisse	39
		Hochzeitsrede	91
Gehirnhälften	149	Höflichkeit	29
Gehirnregionen	150	Hören	147
Gehirnwachstum	147	Hörerpsychologie	84
GEKA	155	Hörfehler	40
Gelegenheitsrede	91, 93, 110, 113 ff, 119 ff	Hormone	150 f
		Hormonhaushalt	146, 150
gemeinsam	25, 50, 51, 52	IDEMA	94
Gepflogenheiten	73	Image-Ethik	50
Gerichtsrede	91	Imponiertechniken	47
Gerichtssprache	44	Impression Management	48
Gerichtsurteile	155	Informationen	46
Gesamtverständnis	60	Informationsbogen	107
Geschlechtsunterschiede	31	Informationsdichte	42
Gesellschaft	32	Informationsfluß	151
Gesellschaftsreden	113	Informationsgesellschaft	94
Gesetze	155	Informationsquellen	53
Gesetzessprache	44	Informationsrede	91, 110, 113
Gesprächsstruktur	98	Informationstheorie	18
Gestik	17, 29	Informationsüberflutung	42
Gestimmtheit	61	Informationsübertragung	18, 24
Gewissen, schlechtes	154	Informationsverluste	42
Glaubwürdigkeit	51, 76, 137	Informationsverlusttreppe	25
Gleichheit	51	Informationsvermittlungssystem	18
Gliederung	155 f		
Glück	50	Informationswissenschaft	85
Großhirn	146, 149	Inhaltsaspekt	67
Grundeinstellung	83	Inhaltsebene	35, 46, 47
Grundmuster	145, 147	Inkongruenz	48, 70
Grundregeln guten Redens	92, 131	innere Erregung	153
Grundsteinlegung	113	innere Überzeugung	56
Grundstruktur	96	innere Unruhe	152
Grundstrukturen des menschlichen Gehirns	145 f	Integrität	50, 51
		Intelligenz	146
Grundwerte	129	Interaktion	86
Gruppenrituale	74	Interesse	75, 96, 98, 156
Gutachten	155	Interessenausgleich	50
Haltung	29, 30, 48	Interpretation	40, 55
Handeln	49	interpretieren	57, 61
Handlungsgeschwindigkeit	132	Inventio	94
Handlungsstrategien	32	ISSO	106, 110
Hemisphäre	149	Jahrestage	113
Hemmung	154	Jubiläumsrede	91
Hetze	151	Kampfhormone	61

Stichwortverzeichnis

Kardinaltugenden	52
Kenntnisse	39, 157
Kette, schlichte	106
Kinder	13
Kinesik	85
Klarheit	155 ff
Klärungsgespräch	89
Klassifikation von Lernzielen	68
Kleidung	29
Klugheit	52
kognitiv	68
Kommunikation, Anfangsphase der	71
Kommunikation, unklare	43
Kommunikationsgesellschaft	87
Kommunikationskanäle	40, 145
Kommunikationskompetenz	72
Kommunikationsprozesse	41
Kommunikationsschwierigkeiten	42
Kommunikationssituation	24, 53
Kommunikationsstil	31
Kommunikationsstörungen	39, 41ff, 49, 53, 56, 60, 65, 73, 76, 78
Kommunikationsträger	33
Kommunikationsverhalten	4
Kommunikationsverhalten, geschlechtspezifisches	27
Kommunikationswissenschaft	85
Kommunikator	40
Kompetenz	137
Komplikation	39
Komplimente	47
Konferenz	89, 95
Konfusion	39
Kongruenz	48
Können	67, 90
Kontakt	137
Konzentration	43
Konzentrationsmängel	49
Kooperation	32, 34
Körperbewegung	30
Körperhaltung	17, 18, 86
Körperpflege	29
Körpersprache	60, 83, 85
kreisende Rundblicke	138, 140
Kunst des Lobens	117
Kurzberichte	103
Kürze	65, 155 f
Kurzzeitgedächtnis	148
Kurzrede	97
Lächeln	29
Lachen	18
Lampenfieber	150, 152 ff,
Langzeitgedächtnis	148
Laudatio	90 f, 113 f, 118
Lautstärke	58
Lead-Stil	103
Lebensaufgabe	118
Lebenskünstler	118
Lehr- und Lernhilfen	13
Lehren	152
Lehrgespräch	89
Lehrkraft	13
Lehrveranstaltung	50, 95, 98
Leistungsangst	153
Leistungsaspekt	67
Lernen	68, 152, 161
Lernprozeß	68, 79
Lernpsychologie	85
Lernquellen	161
Lernzielbestimmung	68
Liberalität	52
Limbisches System	146
Lob	117 f,
Lobrede	90, 93, 113
logisch	39
Logos	50
Lücken	39
Lustgefühle	89
Manipulation	48, 79
Männer	27
Männersprache	34
Massenkommunikation	18
Mäßigung	50, 52
Medien	50
Meinungsrede	93, 105 f
Memoria	94
menschenfreundlich	52
Menschenführung	88

177

Stichwortverzeichnis

Menschenkenntnis	88
Menschlichkeit	52
Merkbarkeit	145
Merken	29
Merkfähigkeit	148
Metaebene	35
Metakommunikation	21
Mimik	17, 18, 29
Mißerfolge	49
Mißtrauen	151
Mitarbeitermotivation	88
Mitfühlen	51
Mitmensch	4, 13
Modewörter	157
Monolog	27
Mood-Memory-Forschung	58
Moral	52, 83, 129
moralische Einstellungen	52
Motivation	49, 59, 65 f, 69, 78 f, 88, 92 f, 96 ff, 145, 152
Motivieren	105
Motivierungshilfe	89
Motorik	29
Multimind-Konzept	149
Musterrede	120
Mut	50 f
Nachrichtenmeldung	103
Nachrichtensysteme	18
Nachrichtentechnik	24
Nebel	45
Nebensätze	133
Neid	46
Neo-Cortex	146 f
Nervosität	46
Neugierde	123
Nichtbeachtung	86
Nichthandeln	18
Nichtverstehen, absolutes	65
nonverbale Signale	86
Noradrenalin	150 f
Nutzen	49
Offenheit	48
öffentliches Image	50
optische Signale	53
oratorisch	100
Ordnung	65, 155 f
Organon-Modell	21
Outfit	29
Paralinguistik	18
paralinguistisches Phänomen	18
Partnerschaft	50
Pathos	50 f,
Pausen	18, 134 f
Pausenlänge	135
Pensionierung	121
Persönlichkeit	26, 84
Persuative Disposition	107
Pflege	51
Phänomen, paralinguistisches	18
Phantasien	33
Phonetik	85
Plädoyer	91
Planung, einer Rede	93
positive Einstellung	59, 73
Post	23
Post-Modell	24
Prägnanz	155 f
Prahlen	47
Präsentation	47, 76, 91, 95, 108, 132, 145
Predigt	90 f, 155
Pro und Contra	106, 110
Problem-Lösungs-Formel	106
Profilierungshilfe	89
Prozess, interaktiver	17
Prozess, zyklischer	17
Prüfungen	48, 152
Psycho-Chemische Reaktion	56
Psycholinguistik	85
Psychologie	85
psychologisch	39, 42
psychologischer Nebel	39, 45, 46
psychomotorisch	68
Qualität	51
Rahmen	72
Rahmenbedingungen	4, 24, 39, 41, 65, 90, 92 f
Rahmenrede	90, 93, 110,

Stichwortverzeichnis

	113, 123 f
Raktenträgersystem	28
Rangzeichen	29
Reaktanz	48
Reaktion	57
Reaktionspause	135
Rechtmäßigkeit	52, 100
Rede	51
Rede zu Ehren von Personen	119, 122
Rede, Einleitung der	95 f
Rede, freie	141
Rede, Hauptteil der	95 f
Rede, Schlußteil der	95 f
Rede, Struktur einer (s.a. Redestruktur)	90, 92 ff
Rede, Übung der	93
Rede-Aktion	93
Redebegabung	85
Redefähigkeit	84
Redefiguren	94
Redegewandheit	85
Redegliederung	100
Redekunst	83 ff, 100
Redelehre	84
Redestruktur	93 ff, 98 f, 100 ff, 105, 110, 119 f
Referat	89 ff, 93
Reizschwellen	58
Rekonstruktion des Gemeinten	25, 35
Reptiliengehirn	146
Respekt	51, 137, 141
Rezipient	40
Rhetorik	65, 83 ff, 86 f, 94, 100, 105, 129, 137, 145, 150, 157
Rhetorik, strategisch	92
Rhetorik, taktisch	92
Rhetorik, technisch	92
Rhetorik-Schulung	84
Riechen	147
roter Faden	156
Rückkoppeln	134
Rückkoppelung	65, 137
Rückkoppelungsmethoden	129
Rückmeldemethoden	129
Rückmeldung	20, 35
Rücksichtnahme	51
Ruhepause	135
Ruhestand, Eintritt in den	121
Rundblicke, kreisende	138, 140
SABAKA	106
Sachebene	29, 35, 46
Sachinhalt	35
Sachlichkeit	100
Sachvortrag	93, 102 f, 104
Satzkonstruktion	133
Satzlänge	133
Satzrahmen	133
Schlagfertigkeit	92
Schlagzeilen-Technik	157
schlechtes Gewissen	154
Schlichte Kette	106
Schmerz	151
Schreck	151
Schreibstörungen	154
Schüchternheit	47
Schüler	13
Schweigen	18, 47, 51, 86, 129, 134
seelische Beschaffenheit	61
Sehen	147
Selbstbehauptung	47
Selbstbewußtsein	137
Selbstdarstellung	44, 47
Selbsterhaltung	146
Selbstkundgabe	35
Selbstoffenbarung	21, 29, 47, 130, 152
Selbstvertrauen	76, 154
Selbstverwirklichung	89
Selbstwerteinbuße	56
Selbstwertgefühl	77
Semantik	85
semantische Bedeutung	40
Semiotik	85
Sender-Empfänger-Vorgänge	41
Sensibilität	48
Sieben-Satz	107
Signal	17, 60
Signalaufnahme	40

Stichwortverzeichnis

Signalemission	40	Strategie	50, 51, 83, 92, 94, 99, 129
Signalkombination	60		
Signalstellungen	60		
Sinnesstörungen	151	Strategie, Rede-	93
Sinneszuwendung	86	strategische Ebene	35
Sitte	83, 129	Streßhormone	150, 154
soziale Angst	153	Stressoren	151
Sozialpartner	88	Streßreaktionen	150
Sozialtechnik	50	Struktur der Rede	90, 92 ff
Soziokybernetik	85	(s.a.Redestruktur)	
Speicherfähigkeit	151	Sublimation	153
Sperren	39	Symbol	21, 60
Spitzenleistung	51	Sympathie	75, 96
Sprachkompetenz	72	Symptom	21
Sprachverwendung	84	Synergieeffekte	31
Sprachwissenschaft	91	Syntax	40
Sprechdenken	97, 129	Takt	29
Sprechgeschwindigkeit	132	Taktik	50, 51, 83, 92, 129
Sprechstörungen	154		
Sprechtempo	132	Tapferkeit	52
Sprechweise	29, 73	Taxonomie	68
Stabilisierungshilfe	89	Technik	50, 51, 83, 92, 129, 131
Standard-Aufbau einer Kurz- rede	96		
		Telefongespräche	33
Standpunkte	75	Telekommunikation	18
Statement	90 f	Toleranz	52
Statussysmbole	29	Ton	48
Statuswelt	34	Töne	17
Stegreif-Rede	141	Tonfall	18, 29, 117
Stellungnahme	90 f	Tongeräusche	33
Stichwortmanuskript	94, 139 f	Transport	28
Stichwortzettel	141	Transport der Nachricht	25
Stimme	29	Trauerrede	91, 113
Stimmung	40, 58, 89	Treue	50
Stimmungsschwankungen	58	Triebeindruck	78
Stimmungsunterschiede	58	Tugend	52, 83, 129
Stimulanz	155 f	Übereinstimmung	48
Stoffsammlung	93 f	Übersetzungsarbeiten	24
Störquellen	24	Übertragung	42
Störungen	39, 40, 41, 43	Übertragungsvorgang	41
Störungsanfälligkeit	42, 69	Überzeugen	137
Störungserscheinungen	41, 65	Überzeugung	76
Störungsgefahr	70	Überzeugungskraft	134, 137
Störungsquellen	59	Überzeugungsmodell	105
Störungsursachen	40, 41, 45, 131	Überzeugungsrede	91, 93, 105 f, 110, 113
Störungswirkungen	40		
		Überzeugungsübertragung	89

Stichwortverzeichnis

Übung der Rede	93
Ultrakurzzeitgedächtnis	148
Umsetzung des Gehörten	25
Umwelteinflüsse	147
Unklarheiten	44
Unlustgefühle	89
Unsicherheit	43, 151
Unterbewußtsein	41
Unwille	43
Unwohlsein	58, 152
Ursachen	39
Utrakurzzeit-Gedächtnis	53
Verabschiedung	113, 124
Veranstaltungrahmen	115
Veranstaltungsablauf	115
Verantwortung	41
Verarbeitungsfähigkeit	132
verbale Signale	86
Vergessen	148
Vergewisserungstechniken	65, 92
Verhalten	48, 50
Verhaltensänderung	79
Verhaltensweise	151
Verhandlung	89 f, 98
Verhandlungs-Rede	107
Verkrampfung	154
Verlautbarung	90
Verordnungen	155
Verschleierung von Informationen	39
Versprecher	40
Verstand	146
Verständigungsmittel	18
Verständlichkeit	76, 145, 155
Verständlichkeitskriterien	157
Verständlichmacher	65, 92, 156
Verständnis	48, 51, 53
Verständnisschwierigkeiten	43
Verstehen	29
Vertragstexte	44
Vertrauen	51, 75 f,
Vertrauens-Erzeugung	137
Verwaltungssprache	44
Verweigerung von Informationen	39
Verzerrungen	39, 42
Visualisierung	94, 157
Volkssprache	60
Vollmanuskript	94
Vollständigkeit	53
Volltextmanuskript	139 f,
Vorbereitungsphase	93
Vorerfahrungen	73, 151
Vorinformationen	73
Vorkenntnisse	132
Vorlesung	91
Vorsicht	151
Vortrag	28, 97, 108, 115, 155
Vortragstechnik	84
Vortragsweise	141
Vorurteile	61, 72, 74, 151
Vorverständnis	60
Wahrheit	3
Wahrnehmen	29, 55, 57, 61
Wahrnehmung	59, 147f, 150
Wahrnehmungsmuster	147
Wechselbeziehung	86
Wechselwirkungen	150
Wellenlänge	147
Werte	51, 52
Wertorientierung	51, 83
Widerstand	48
Wirklichkeit	61
Wirklichkeitserlebnis	39
Wirkung	3, 75, 85, 134
Wirkungspause	135
Wirkungsursache	67
Wissen	67 f, 71, 75, 102
Wohlwollen	123
Wollen	67, 90
Wünsche	34
Würde des Menschen	51
Wut	57, 151
Zehn Bausteine	108
Zeichen	17
Zeichensprache	27
Zeit	93, 115 f
Zeitdauer	115
Zeitpunkt	115
Zeitrahmen	115

Stichwortverzeichnis

Ziel	43, 49, 52, 66, 67, 70, 92 f, 156
Zielaussage	66
Zielerreichung	49
Zielgruppe	93
Zielorientierung	65, 145
Zielperson	72, 90, 93
Zielsetzung	67, 70, 71, 90, 97, 131, 141
Zielsituation	79
Zielwirksamkeit	131
Zuhören	51, 105, 129
Zuhörer	157
Zuhörer	40, 43, 157
Zuhörerbereitschaft	105
Zuhörerverhalten	29
Zusammenfügung	40
zyklischer Prozeß	41, 86

Der Autor dieses Buches: Joseph Fromme.

Joseph Fromme, geboren 1945 in Hamburg, ist gelernter Steuerbeamter, Diplom-Finanzwirt, und seit 1963 für die Finanzverwaltung der Freien und Hansestadt Hamburg tätig. Seit 1970, mit einer Unterbrechung von 1978 bis 1985, wirkt er im Bildungsbereich für die Steuerverwaltung mit, dabei seit 1972 als Dozent, zuerst nebenamtlich, ab 1974 auf der Basis eines Pädagogikstudiums hauptamtlich. Seit 1985 leitet er in der Finanzbehörde Hamburg das Referat "Ausbildung, Zwischen- und Laufbahnprüfungen, Fortbildung für die Hamburger Steuerverwaltung" und die Landesfinanzschule. Daneben sammelte er seit Mitte der 60er Jahre in ehrenamtlichen Funktionen in namhaften Verbänden und Vereinen Kenntnisse und Erfahrungen in der Gruppenpsychologie und -pädagogik sowie vor allem in der Presse- und Öffentlichkeitsarbeit.

Joseph Fromme lehrt und trainiert seit 1986 in zahlreichen Lehrveranstaltungen, insb. in Seminaren und auch in 'Train the Trainer-Schulungen', hauptsächlich auf dem Gebiet der "Kommunikations- und Führungslehre", dabei vorwiegend
 - für die Hamburger (Steuer-)Verwaltung, aber u.a. auch
 - an der Bundesfinanzakademie in Brühl bei Köln,
 - an der DBB-Akademie in Königswinter bei Bonn,
 - für die Steuerverwaltungen anderer Länder,
 - für gemeinnützige Einrichtungen und Unternehmen in und außerhalb Hamburgs.

Zielgruppen sind Führungskräfte, Lehrkräfte, Ausbildende und Beschäftigte in beruflich gesprächsintensiven, konfliktreichen Aufgabenbereichen.

Schwerpunktthemen sind
 - Kommunikation als Schlüsselfunktion - insb. des Führens,
 - Berufliche Rhetorik,
 - Argumentation/Dialektik,
 - Schwierige Gespräche führen,
 - Meetings/Konferenzen effizient und effektiv gestalten,
 - Geschlechterspezifisches (Kommunikations-)Verhalten.

Anschrift: Joseph Fromme
        Bildungszentrum für die Hmb. Steuerverwaltung
        Hammer Steindamm 129, 20535 Hamburg

☞ **Vielen Dank.**

Dieses Sach- und Fachbuch zu erarbeiten, bedarf vieler Voraussetzungen und Hilfe, vielen Verständnisses und dementsprechend vielfachen Dankes:

- Dank an alle diejenigen, von deren fachlichen Kompetenz und Vermittlung in Veranstaltungen und Veröffentlichungen der Autor und daraufhin die Leserinnen und Leser profitieren; hervorgehoben sei hier stellvertretend für viele, insbesondere für alle, die auch in dem Buch zitiert werden, Vera F. Birkenbihl.
- Dank verdient Barbara Plenz, die als Lektorin weit mehr auf mich eingewirkt hat, als sich durch die Korrektur des Manuskriptes zeigt.
- Dank geht an Holger Köllmann - besonders an ihn, zugleich stellvertretend an alle diejenigen, die mich im Bildungsbereich für die Hamburger Steuerverwaltung unterstützt haben.
- Dankbar bin ich den Teilnehmerinnen und Teilnehmer meiner vielen Veranstaltungen; denn sie waren der Anreiz, die Herausforderung dazu, mich der Thematik intensiv und kontinuierlich zu widmen, und sie haben bewußt oder unbewußt dazu beigetragen, einen Teil der von mir erworbenen Kenntnisse und Erfahrungen und meiner Schlußfolgerungen zu dokumentieren.
- Dankbarkeit empfinde ich ganz besonders gegenüber meiner Ehefrau Brigitta Kock-Fromme, die nicht nur durch Geduld und Verzicht, sondern auch durch Ermunterung und -teilweise von ihr unbemerkt- durch ihre Art zu kommunizieren zu dem Buch viel beigetragen hat.
- Dank gilt schon vorab allen, die durch förderliche Reaktionen, durch kritisch-konstruktive, durch ergänzende und anregende Beiträge zur Weiterentwicklung dieses Buch beitragen - bitte an

Joseph Fromme
Bildungszentrum für die Steuerverwaltung
Hammer Steindamm 129
20535 Hamburg